EL ANGEL
un amigo del alma

VICTOR SUEIRO

EL ANGEL
un amigo del alma

PLANETA

Diseño de cubierta: Mario Blanco
Diseño de interior: Alejandro Ulloa

© 1994, Víctor Sueiro

Derechos exclusivos de edición en castellano
reservados para todo el mundo:
© 1994, Editorial Planeta Argentina S.A.I.C.
Independencia 1668, Buenos Aires
© 1994, Grupo Editorial Planeta

ISBN: 950-742-562-4

Planeta Colombiana Editorial S. A.
Segunda reimpresión: (Colombia) Junio de 1995
Tercera edición: Enero de 1996
Impreso en Colombia - Printed in Colombia

A mi hija Rocío, de dieciséis años,
que me regaló —una vez más—
el título del libro. Y que, mientras yo
me empeño en enseñarle a vivir,
ella me enseña a sentir.

A mis ángeles de carne,
hueso y espíritu:
Rosita, mi mujer;
Haydée, mi mamá;
Alfredito, mi hijo por elección.

A Jorgito y Gache, Julio y Vinci,
Ricardo y Analía, Fernando y Andrea,
Beto y Susana, Alfredo y Mara,
Lucho y María del Carmen,
simplemente porque se aman
y porque los amo.

A todos los que tengan fe
y a los que aquí la busquen.

Agradecimientos y afectos

Ya es imposible nombrar a todos los amigos y colegas que me apoyaron sin que ni siquiera se los pidiera. Les dejo un cariñoso abrazo y una lista necesariamente reducida en cantidad pero aumentada en afecto:

Mirtha Legrand, Daniel Tinayre, Jorge de Luján Gutiérrez, Teté Coustarot, Franco Bagnato, Ronny Vargas, Bernardo Neustadt, Claudia Neustadt, Beto Angeletti, Juan Carlos Araujo, Ana D'Onofrio, Juan Carlos Porras, Gabriela Cociffi, Jorge Fernández Díaz, Alfredo Leuco, Juan Carlos Pérez Loizeau, Lucho Avilés, Oscar Gómez Castañón, Jorge Jacobson, Héctor Ricardo García, Fernando Bravo, Alfredo Lespeche, Roberto Jacobson, Horacio Larrosa, Gustavo Siegrist, José de Zer, Guillermo Andino, Mabel Marchesini, Silvia Rojas, Marcelo Dimango, Daniel Pliner, Laura Garavano, Marita Tedeschi, todo el equipo de "los almuerzos", Roberto Peregrino Salcedo, Judith Gociol, Oscar González Oro, Valeria Cabrera, Luis Garibotti, Paki Galé, Oscar Gómez Alé, Catalina Dlugi, Carlos De Elía, Coco Fernández, Antonio Carrizo, Miguel Frías, Guillermo Pereyra, Héctor Primavera, Juan Carlos Vilches, Ricardo Rivas, Cacho Salvia, Jorge Sañer, Alicia Pedrelli, Marcelo Justo, Enrique Llamas de Madariaga, Omar Cerasuolo, Hugo Lamónica, Susana Fontana, Edgardo Mesa, Alfredo Lazarte, Nora Briozzo, Julio Malagón, Eduardo Calviño, Zulma Faiad, Raúl Acosta, Miguel Granato, Fernando Farina, Raúl Salas, Antonio Rico, Roberto Iribarren, Julio Viale, Gustavo Verzbickis, Juan Carlos Malis, Osvaldo Benmuyal, Urbano Fabrizio, Mónica Castellano, Oscar Cesini, al recuerdo inolvidable de mis amigos Daniel Mendoza y Miguel Angel Acoglanis.

Y, muy especialmente, a la memoria de mi más amado maestro, Carlos Fontanarrosa, y a Aníbal Vigil, a quien, ahora que está en el Cielo, puedo decirle sin pudores que siempre lo quise.

Advertencia

Todos los hechos relatados en este libro son absolutamente reales. Los personajes que en él aparecen figuran con sus nombres y apellidos verdaderos, sin excepción. Solamente la intervención de Mariano responde a la imaginación, aunque no estoy demasiado seguro de eso. Los relatos de todos los demás están registrados en las grabaciones que conservo. Cualquier parecido con hechos de ficción es una mera coincidencia. Por otro lado, como siempre, los casos que aquí leerán son mucho más impresionantes y bellos que cualquier fantasía.

Si bien los ángeles son espíritu puro, pueden corporizarse en lo que sea. Por eso —y por la belleza de las imágenes— elegimos para ilustrar la tapa y contratapa de este libro un diseño especial de Mario Blanco sobre un detalle de la pintura *Madonna Sixtina* de Rafael (1483-1520).

Ante todo

—Dale... —le dije.

—Dale ¿qué? —me dijo.

—Con eso de los ángeles.

—Pero, decime, ¿vos sabés bien qué son los ángeles? No. Yo no sabía bien que era "eso de los ángeles". Creía que eran más un mito que otra cosa y mi idea de ellos se reducía a las pinturas que atribuía a la noble creatividad de los artistas. La verdad es como el alcohol en las heridas: duele pero ayuda. Y tuve que admitir, poco a poco y con la boca abierta como si él fuera mi dentista, que yo era un perfecto ignorante. Este inicio del asunto fue durante una charla, hace unos tres años, con mi amigo monseñor Roque Puyelli. Allí nació todo. Primero fue un capítulo entero en mi librito "Poderes", en 1992. Luego fue una pasión. Aun trabajando en otras cosas no dejé de reunir datos serios sobre el tema, apilar documentos, consultar con teólogos, grabar docenas de testimonios, leer hasta el agotamiento y empezar luego a colocar cada pieza del rompecabezas en su lugar.

Ni siquiera sabía que el ángel es, oficialmente, una verdad de fe para mi propia Iglesia, la Católica. Y que figura protagónicamente en la mayoría de las religiones de la historia, algunas de ellas milenarias. Yo, que hablo tanto de la fe, el amor y la esperanza, desconocía a los que son su mejor ejército. Ignoraba su real e indiscutible existencia, su poder magnífico emanado de Dios, su naturaleza, su carácter, su compañía permanente en cada uno de nosotros, su protección y su ayuda. Cuando supe todo esto sentí que, comparados conmigo, los asnos son doctores en filosofía, y que yo había reprobado jardín de infantes por falta de cerebro para pasar a primer grado.

Y me deslumbró todo lo que aprendía. Creo que a ustedes les pasará lo mismo, aun cuando ya conozcan el tema.

Este librito es el que más tiempo y trabajo me llevó en mi vida. Uno de los motivos ha sido la difícil tarea de discernir, elegir estrictamente todo aquello que no se aparta de mis creencias religiosas, como siempre. Por el contrario, las reafirma.

La moda del ángel es muy linda, jamás la atacaría. Prefiero que estén de moda los ángeles y no la cocaína o las armas. Pero los que aquí van a encontrar son otros. Una explosión de asombro, se los aseguro. La vida cotidiana, a pesar de su belleza incomparable, puede ser a veces tan tosca como un relato en prosa escrito con un carbón sobre papel de lija. Reconocer que el ángel forma parte de ella la acerca a lo que más deseamos, un poema de realidades que nos hace sentir siempre acompañados, como lo estamos. Van a asombrarse como yo me asombré, capítulo a capítulo, paso a paso, frase a frase. En especial porque todo lo que aquí aparece cuenta con el aval de la fe y cada testimonio impresionante está dado por sus protagonistas, gente que —ya verán— es por completo inobjetable y no tiene otra intención, al dar sus nombres y apellidos reales, que no sea la de servir a los demás, a nosotros. Sabemos que hay silbatos cuyos sonidos sólo pueden ser oídos por los perros sin que nosotros escuchemos nada. Y aceptamos que algo así exista. Con lo sobrenatural serio sucede algo así: el sonido está, aun cuando algunos no lo escuchen, y sólo hay que afinar los oídos del alma para poder sentirlo. También hay que aceptar que algo así exista.

Una vez más debo aclarar que escribo desde mis propias creencias pero de manera absolutamente independiente, sin tener que rendir cuentas a nadie en este mundo por mi forma de sentir y expresarlo. Esa libertad me permite defender a mi religión porque la amo y, por la misma razón, también desprecio aquí —una vez más— a los curas o laicos que con sus actitudes la ensucian. Tener fe no es una obligación, es un derecho.

Estas páginas no existirían si no fuera por la ayuda y el apoyo de mucha gente, sus verdaderos autores. Pero, de manera muy especial, hubiera sido imposible conseguir el rigor que me impongo sin la colaboración de dos amados amigos y hermanos de fe: monseñor Roque Puyelli, Capellán Mayor de la Fuerza Aérea y el mejor angelólogo católico de América, quien fue el primero que desenvolvió el paquete donde me traía semejante regalo; y el doctor Roberto Bosca, decano de la Facultad de Derecho de la Universidad Austral y exitoso autor —entre otras cosas— del libro "New Age, la utopía religiosa de fin de siglo". Es el hombre que más sabe en el país sobre ese polémico movimiento —o lo que sea—, y en su obra analiza ese enjambre de curiosas creencias, sin agresiones pero con firmeza y —por sobre todo— con inteligencia y conocimientos.

Aquí no van a encontrar ángeles inventados, sino verdaderos.

No es un secreto para nadie que mi enfoque de lo sobrenatural se apoya siempre en mi visión cristiana con un gran respeto por las otras religiones serias. Esto no es una excepción. No es necesario buscar respuestas en otra parte cuando las tenemos en la mesita de luz, allí al lado, aunque a veces olvidadas y mezcladas con un frasquito de remedio vencido, un par de pañuelos descartables, lapiceras de viejo recuerdo y alguna cartita donde nos dicen o decimos "te quiero". Y no es necesario porque esas respuestas son maravillosas, bellas, conmovedoras, deslumbrantes y reales, aunque a algunos les cueste aceptar esto último. Al terminar este librito quizá cambien de opinión. En su transcurso van a sonreír, a reír, a lagrimear un poco y a sentirse vivos y nunca solos.

Además de los datos reales estrictamente seleccionados, hay un juego literario que aparece desde el principio y del cual no se sabe cuánto hay en él de imaginación, como yo sostengo en su desarrollo todo el tiempo, y cuánto de realidad. Ni yo mismo lo sé, aunque eso no tiene mayor importancia.

Van a descubrir, en algún momento, que son ustedes mismos los verdaderos protagonistas de este mundo al que entrarán. Uno puede no creer en los ángeles pero, afortunadamente, los ángeles siempre creen en uno.

Pasen al interior. La fiesta ya comienza.

VICTOR SUEIRO
Agosto de 1994

UNO

Un principio inesperado

Ocurrió en la mañana del día setenta y siete.

Aún no había terminado de despertarme del todo y recién empezaba a revolcarme en la modorra, a mitad de camino entre un sueño y la realidad, cuando sentí que había encontrado la manera de encarar este libro, algo que me tenía vacío y agitado como un sifón sin gas, confuso como el discurso de un borracho, y tenso, muy tenso. Insoportable, bah, durante más de dos meses y medio. Ya había reunido, desde hacía rato, casi todo el material periodístico y de investigación como para hacerlo, pero me negaba a escribir simplemente datos porque eso no es lo mío. Me aburriría si no hubiera una idea que fuera el eje sobre el que gira todo lo demás. Y, si me aburro, no escribo. Me quedo frente a la pantalla de la computadora mirándola bobamente, como esperando un milagro, o redacto unas cuantas líneas que borro enseguida porque me parecen frías. Esta triste ceremonia de escribir y borrar se repitió día a día aumentando mi nerviosismo como la presión de una caldera. En medio de ese estado de ánimo yo advertía que mi familia me quería. Me quería estrangular o, al menos, mandarme con todo mi conflicto a algún lugar lejano, incluyendo ése en el que ustedes piensan. El tiempo había ido pasando y no le encontraba la

21

vuelta, pero ahora parecía estar allí, tan clara como el día que me esperaba fuera de las sábanas. Eureka. Sentí que lo que debía hacer era dialogar con mi ángel personal y allí ir desgranando cada información, cada historia. Era una idea atractiva como recurso literario. Después la cosa se me fue de las manos, como verán. Pero no nos adelantemos. Ese día salté de la cama, apenas me lavé la cara, me puse cualquier cosa encima, subí a mi buhardilla, desconecté el teléfono y me senté frente a la computadora. Empecé a teclear y allí se desató el asunto. Lo que sigue es lo que escribí a partir de la mañana del día setenta y siete. Lo que escribí y lo que ocurrió.

Es curioso que, al disponerme en estos momentos a hablar sobre la más dulce de las brisas, sienta en mi alma la más furiosa de las tormentas.

Llevo casi tres años, entre un libro y otro, reuniendo material y buscando datos sobre los ángeles. Y todo ha crecido de tal manera que el pánico típico que ataca al que pretende poner palabras en un espacio en blanco se multiplicó como nunca. Es tan abundante y tan extraordinario lo que pude investigar y aprender que no sé cómo comenzar, porque los datos se amontonan y chocan entre sí en una batalla de la cual mi mente es el campo donde se lleva a cabo. Jamás nada me costó tanto como empezar esta historia. Más que nunca confieso que no soy un literato ni cosa que se le parezca; soy un ansioso que escribe con desesperación por llegar a ustedes, un loco de la esperanza que ahora no sabe cómo contar lo que sabe. ¿Cómo hacer que acepten una idea como la del ángel? En un mundo tan apegado a lo que se toca y lo que se ve, ¿cómo encontrar las palabras justas para que quede en claro que algo tan espiritual como el ángel es una realidad concreta y cotidiana? ¿Cuál es la manera de relatar algo tan im-

presionante y real sin parecer un fulano que da cátedra, sin ponerme pesado con la teología, hallando las
frases que sean no sólo comprendidas sino aprendidas
y útiles?

Hoy se cumplen setenta y siete días desde el primero
en el que me senté frente al teclado con la intención de
arrancar. Me cansé de borrar páginas enteras porque
no me convencían. Fueron muchas horas de una angustia que me mordía las tripas y me hacía dejar mi escritorio con una sensación de fracaso tan grande como
para llegar a pensar en abandonar todo, emborrachán-
dome de malhumor, embadurnándome de tristeza.

Pensaba: uno es una cosa que anda por el mundo
sin saber casi nada, no me lo nieguen. ¿Cómo conocer
entonces al alma, nada menos? ¿Cómo conocer al ángel que nos acompaña desde que nacimos? Si uno ni
siquiera tiene una idea de cómo es su propio hígado,
sus intestinos, su vesícula, cosas que están ahí, que
las llevamos con nosotros y que nos mantienen vivos.

¿Alguno de ustedes —incluyendo a los médicos—
tiene al menos una mínima noción de su páncreas? Ni
hablar. O, mejor, vayamos a lo más palpable. ¿Es posible asumir al ángel cuando ni siquiera sabemos
bien cómo es nuestra propia planta del pie o los co-
dos, tan cercanos, o la espalda? Insisto: uno es una
cosa que anda años por el mundo con un culo atrás
al que ni siquiera conoce. No es lógico, entonces, que
se pretenda...

—*Eso estuvo de más.*

¿Por qué escribí eso? ¿Por qué dije "eso estuvo de
más"? ¿Qué pasa?

¿Me habré vuelto loco de repente? Además no sé qué
"estuvo de más".

—*Eso de andar uno por el mundo con unas nalgas a
las que no conoce. Ya ves: se puede decir lo mismo pero
más suave. Siempre se puede.*

No podés ser quien pienso, no es posible. O sí lo es,

23

pero esas cosas no le pasan a uno. Contame por qué razón los dedos se manejan por su cuenta y yo estoy tecleando frases que no pensé en escribir. ¿Sos vos?

—*Sí, soy yo, ése en el que pensás. ¿Acaso no aprendiste lo suficiente como para saber que estoy a tu lado todo el tiempo?*

Ustedes disculpen, pero algo está ocurriendo que no puedo explicar. Creo que voy a borrar otra vez todo lo que escribí hasta ahora y haré un nuevo intento. Se supone que el que se mete sin permiso es mi ángel, pero ¿por qué iba a aparecerse de esta forma? ¿por qué ibas a aparecerte de esta forma?

—*Porque estás desesperado. Porque hace setenta y siete días que te veo empezar a escribir y la angustia al no saber cómo contar todo hace un ruido terrible. Ustedes no lo pueden percibir pero nosotros sí: la angustia humana hace ruido. Es como el de unas uñas chirriando sobre un pizarrón o un tenedor sobre un plato vacío, algo nada grato. Y vine para ayudarte, eso es todo. Si vas a escribir un libro sobre el ángel, aquí estoy yo, el tuyo, para darte una mano. O un ala.*

¿Vos sos mi ángel? ¿Sos Mariano?

—*Así decidiste llamarme. Y sí, soy tu ángel.*

Nadie me lo va a creer, ni siquiera entiendo por qué sigo escribiendo a esta inusitada velocidad, casi sin parar, porque nadie me lo va a creer y lo más seguro es que vos seas producto de mi imaginación o tal vez algo más razonable como una musa inspiradora. Eso. Sos una musa.

—*Bueno. Soy una musa. ¿Qué más da? Usame.*

No, no sos una musa. Las musas no hablan.

—*Yo tampoco te estoy hablando. Sos vos el que escribe lo que vas sintiendo dentro tuyo. No vas a escribir nada que no sepas. Yo no soy tu amo. Si no te cae demasiado cursi podés agregarle una letra más y decir que no soy tu amo sino tu amor. Si supieras cuánto te quiero posiblemente te desmayarías de la emoción. En cuanto a eso de las musas, te cuento que es uno de los nombres que a veces nos dan y nos hacen reír mucho.*

Voy a seguir. Más que nada voy a seguir porque, al fin de cuentas, he logrado empezar y no quiero volver atrás nuevamente. Pero deseo dejar en claro que a lo largo de todo este libro van a aparecer testimonios contados por personas inobjetables que dan sus verdaderos nombres y apellidos, así como datos sobre los ángeles que pertenecen a mi religión, la católica, y a otras religiones serias. Me costaron años de investigación y descarte, largas charlas con teólogos, penosas tareas de discernir información al milímetro, y repaso una y otra vez de cada dato antes de ponerlo aquí. Debo cuidarme en esto tanto como de no hacerme pis en la cama porque un error, por chiquito que sea, sería algo así como un suicidio literario. Todo lo que aparezca aquí sobre el tema de los ángeles es por completo veraz y se corresponde con la Doctrina o con la Tradición. Cada persona que cuenta lo suyo lo hace desde el fondo del alma y no hay ni una mínima pizca de fantasía o invento en sus relatos ya que, ante la menor duda, eliminé aquellos que no me conformaban del todo. Digo que quiero dejar esto en claro para separarlo de la forma en que se está desarrollando: yo escribo algo, de pronto aparece una frase que interrumpe lo escrito, yo estoy de acuerdo o no con eso y en esas interrupciones me dice, así como así, que es mi ángel que vino a darme una ayudita ante mi sufrimiento por no saber cómo contar todo. De esto último —dejo constancia— no me hago responsable. No puedo de ninguna manera afirmar graciosamente que se trata de mi ángel pero, lo que es más curioso, tampoco puedo negarlo. Es un fruto de mi imaginación, claro está, pero ¿y si no lo es? Más aún: ¿y si la imaginación no es otra cosa que una ayuda del ángel o el ángel mismo? Después de todo hacían setenta y siete días que intentaba empezar sin éxito y ahora todo parece andar. Setenta y siete. ¿No ven?

Si hasta el siete es un número cabalístico. Se lo considera la cifra que representa nada menos que a Dios en su unidad perfecta. Al menos en la kabala, que es una muy antigua doctrina secreta del pueblo judío. Y los judíos también consideran al ángel de manera especial, no sé si estás de acuerdo.

—*Claro. El ángel es algo especial, como vos decís, no solamente para la religión judía y desde ya la cristiana. También para las religiones chinas, brahamánicas, hindúes, iraníes, babilónicas, asirias, egipcias, celtas, germanas, persas, árabes, aztecas, incaicas...*

Bueno, está bien. No te agrandes, tampoco.

—*Es lo último que haría. Sólo te informo, que es lo que me pedís, pero nunca me dejaría llevar por la soberbia. En primer lugar, yo soy sólo una criatura de Dios, como vos. En segundo lugar, ninguno de nosotros olvida que, en los principios, un ángel se sintió tan poderoso como para querer competir con Dios que era su Creador. Cometió el que quedó para siempre como el peor de los pecados, la soberbia. Y una tercera parte de los ángeles lo siguieron, cayendo todos y transformándose.*

Lucifer. Está hablando de Lucifer, cuyo nombre significa literalmente "el que lleva la luz". Teniendo en cuenta que todos los ángeles son muy luminosos no puedo imaginar siquiera lo que sería este, radiante, tan lleno de esplendor, tan magnífico como para que —entre los seres de luz— se lo llamara Lucifer, "el que lleva la luz". Pero tenía tantos dones y tanto poder dado por Dios que olvidó, precisamente, quién se los había otorgado. Se la creyó, se agrandó. Enfrentó al Creador y lo siguieron, en efecto, un tercio de los ángeles. Fueron expulsados y condenados para la eternidad. Son lo que hoy conocemos como demonios, aunque el significado de la palabra no sea etimológicamente muy exacto. Viene del griego "daimon" que quiere decir "distribuidor". El que distribuye cosas, ya sean malas o buenas. Los "démones" podían darnos el mal, pero también el bien.

Lo que ocurre es que, ya en el siglo IV antes de Cristo, el vocablo empezó a aplicarse para definir a lo maligno. Y así quedó. De la misma forma en que la palabra "ángel", que significa "mensajero", está fijada en la mente como algo beneficioso. Esto se acentuó mucho con la llegada del cristianismo. Lo cierto es que, si nos atenemos a lo que significan las palabras, pueden haber "démones" buenos (distribuidores de virtudes, por ejemplo) y ángeles malos (los caídos, que siguen teniendo el poder dado por Dios y se hacen un picnic con algo tan frágil, tentador y tentable como el ser humano).

—*Datos que te hizo llegar tu amigo el doctor Roberto Bosca. Muy bueno.*

No tenés por qué andar mostrando mis trapitos al sol. Ya estaba quedando como un gran erudito y aparecés vos. Creo que voy a borrar esa última frase tuya. Es cierto que Roberto es mi amigo y me ayudó mucho, cosa que le agradezco de todo corazón pero, después de todo, ¿quién está escribiendo este libro?

—*Si te hace sentir mejor te digo que vos pero ¿estás seguro? Nadie hace nada solo. Las cosas más importantes requieren a más de uno: amar, por ejemplo. Además, por otro lado, el ángel de Bosca y yo nos hicimos muy amigos. No quiero desmerecerlos a los dos pero ¿por qué crees que ustedes se llevan tan bien? Nada nos gusta más que unir a las personas.*

"Nosotros hicimos esto y aquello", "nada nos gusta más que ésto", ¿eso quiere decir que uno es una especie de títere de su ángel? ¿Si o no?

—*No, claro que no. No me hagas sentir mal, por favor. Yo soy tu amigo, te quiero, te quiero con todo lo bueno y lo malo que puedas tener. Así pasa con cada uno de los ángeles custodios. Te pido disculpas si no supe hacerme entender. Me entristece que pienses eso. Creo que voy a llorar...*

Ey, no. No quise ofenderte. Exageré. Ya sabés cómo soy. Yo te quiero también, vos lo sabés. Cada noche, antes de dormirme, rezo mentalmente un padrenuestro, un avemaría, un gloria y eso que aprendí desde chiquito que se refiere a vos: "Angel de la Guarda, dulce compañía, no me desampares ni de noche ni de día". Vos lo sabés, lo sabés. A veces, te confieso, me he sentido un grandulón ingenuo. No, no. No es que no crea en vos. Pero, habiendo llegado ya al medio siglo de vida, me pregunto si es razonable pedirte eso y hablarte a vos en un mundo como éste, donde Abraham Lincoln es el héroe más venerado sólo porque su imagen está en los billetes de cien dólares. Y donde Rambo parece menos violento que Bambi comparado con lo que se ve en los noticieros de la tele. Por la mañana leo los diarios y a veces también a mí me dan ganas de llorar.

—*Yo te quiero.*

Ya lo sé, lo sé. Yo también te quiero. Y sé que hay otros como vos que están cuidando a cada una de las personas de este planeta, pero a veces me digo que deben estar distraídos cuando veo las cosas que pasan. Hay chiquitos que mueren, por ejemplo.

—*Vos sabés muy bien que la muerte física no es un final sino un principio. Además, la vida y la muerte no dependen de nosotros. Somos criaturas de Dios, creaturas de Dios. Espíritu puro a los que se nos dio una misión. En el caso nuestro, de los Guardianes, estar a la espera de que se nos llame, se nos convoque, se nos pida un servicio. Eso incluye a la misma muerte física. Cuando te llegue, yo voy a acompañarte con una presencia que ahora no podés imaginar.*

Hace más de cuatro años yo tuve un paro cardíaco, ya sabés. Médicamente hablando, una muerte clínica. Cuando ocurrió vi una luz potente y bella que irradiaba paz, mucha paz. ¿Eras vos? ¿Qué era? ¿Quién era?

—*Estás cansado. Creo que por hoy escribiste suficiente. Ya está bien.*

No. ¿Qué era? ¿Quién era? Necesito saberlo. Dame una razón.

—*Vos medís todo con una idea humana. Yo soy apenas un poco más que los humanos, pero tengo las medidas de Dios y no las de ustedes. No me pidas revelaciones, no me exijas una razón. Dios no explica sus razones.*

¿Qué es Dios, por favor? ¿Adónde está? ¿Por qué permite que pasen cosas terribles? Hablame de El, te ruego que me hables de El. Se dice que son ustedes, los ángeles, los que pueden verlo cara a cara. Decime cómo es, qué es, qué quiere de nosotros, qué espera de uno. ¡Eh! ¿Estás ahí?

—*Siempre estoy aquí... Estás cansado. Ya está bien por hoy.*

Estoy cansado, sí. Y estoy desesperado, ansioso, loco, arañando las tierras y los cielos como un perro que busca un hueso escondido, queriendo saber más sin poder más. Quiero saber más de Dios.

—*Eso sí que es soberbia. Pero, de todas formas, yo debo aceptarte con lo bueno y lo malo. Y ayudarte, si puedo. ¿Querés encontrar a Dios, nada menos? Cerrá los ojos. No pienses en prados rebosantes de verdes y plagados de flores coloridas. No imagines ríos caudalosos cuyas aguas rebotan en orillas hermosas. No planifiques al mar besando a las playas una y otra vez, ni recrees un amanecer con un sol colorado sobre un cielo muy bello e infinito. Dios es todo eso, sí. Pero, si lo que deseás es encontrarlo, buscalo en tus peores pesadillas. En esas páginas de los diarios que tanto te golpean, en los enfermos terminales que lloran su infortunio, en el hambre, en la sed, en la desgracia. Es donde más está porque es donde más se lo necesita. ¿Acaso crees que estás viviendo en el paraíso? Sabés que no. ¿Cuánto más vas a vivir? ¿Un año? ¿Dos? ¿Veinte? ¿Cuarenta? ¿Y después?... Ese después es Dios.*

No sé por qué escribo esto, pero en los momentos en que el espíritu me afloja (soy humano, un simple escriba, no un robot religioso) pienso que el mundo es un enorme basural en el cual, de cuando en cuando, crece en alguna parte un ramillete de flores de colores. Flores simples, silvestres, naturales, hermosas. Si en lugar de admirarlas, gozarlas y cuidarlas, nos paramos frente a ellas y las orinamos, no queda mucho para seguir adelante. Esas flores son el amor, la comprensión, el perdón, la nobleza y tantas otras que ustedes ya conocen. En esta vida, siendo tan bella sin embargo, nos esperan agazapados detrás de cada esquina dolores espantosos del cuerpo y del alma, enfermedades terribles, traiciones, hambre, sed, depresiones feroces, malditas muertes de aquellos que amamos, hechos que nos sorprenden malamente como una patada de burro en la boca del estómago. Lo que nos mantiene en pie es el amor, la fe y la esperanza. Dios es el que nos da esas armas y nos manda para ayudarnos a los ángeles, que tienen todo que ver con esas tres cosas. El que no lo entienda así que se ponga a orinar sobre las flores. El que lo entienda, que se sume para multiplicarlas.

—*Vas comprendiendo.*

No lo sé. Es tan difícil comprender, a veces. No fue un teólogo sino un científico altamente reconocido y un gran humanista, Albert Schweitzer, el que dijo: "Cuanto más vamos sabiendo del hombre y de las cosas no es el conocimiento lo que aumenta sino el misterio". Es muy difícil comprender algunos hechos que pasan en la tierra, pero en este caso supongo que todo tiene que ver con el mayor regalo que Dios nos dio, la libertad. El libre albedrío. La posibilidad de optar. Elegir ayudar, intentar ser mejores, pensar a los demás como hermanos, no creer que el mundo se termina en nosotros y los que nos rodean. O elegir otras cosas. La libertad nos permite ser la imagen y semejanza de Dios. O de Satanás.

—*No hay dudas. Vas comprendiendo.*

Pero, bueno, se supone que tengo que hablar de ustedes.

Cuando comencé a meterme en el tema, una de las primeras sorpresas fue enterarme de que los ángeles son un dogma, una verdad de fe para la Iglesia Católica. Es decir algo que, simplemente, no admite discusión. Nada menos que Santo Tomás, en su impresionante Suma Teológica, les dedica cientos de páginas esclarecedoras. Una frase tomada de allí no deja lugar a ninguna duda:

"Hay otras realidades superiores al hombre. Son criaturas como él aunque subsisten como espíritus puros, exentos de materia, sumamente inteligentes y reflejando con más perfección los dones de Quien-Hizo-Todo. Eso son los ángeles." Por su parte, San Agustín ponía en claro que los ángeles son espíritus, pero que no todos los espíritus son ángeles. Agregaba que el nombre "ángel" (mensajero, enviado) señala claramente el oficio que tienen, su trabajo, pero no su naturaleza. Su naturaleza es ser puramente espirituales. De ninguna manera compiten con Dios sino, por el contrario, están absolutamente a su servicio con profundo amor.

Nosotros, los humanos, llegamos al conocimiento de los ángeles a través de escritos y —sobre todo— de la Revelación. Pero vayamos por partes.

¿Qué es la revelación?

En Teología, se trata de la manifestación por la que Dios hace conocer a los hombres verdades que no podrían entender por sí mismos. Todas las religiones señalan expresamente —o, en casos, sugieren— que el uso de la razón no alcanza ni por las tapas para comprender lo sobrenatural. La razón puede explicar, en estas situaciones, el "cómo" de las cosas, pero no le da el cuero para explicar el "por qué . Llevándolo a nuestro terreno, uno puede explicar de alguna manera "cómo" ama a alguien, pero sería imposible que contara por qué. Si pudiera hacerlo ya no sería amor sino otras cosas. Te amo porque lo siento. Punto. Amar es un acto de fe. O la vida misma: uno puede detallar cómo es, mal o bien, pero ¿quién podría aclarar mediante el solo uso de la razón por qué hay vida? No me refiero a lo biológico sino a algo más profundo e insondable: ¿por qué existimos? ¿Qué hacemos aquí viendo morir a los demás hasta que nos llega el turno, inexorablemente? ¿De dónde venimos y adónde vamos? Eso sí que la razón y la ciencia toda no pueden responder. Mediante la Revelación es Dios mismo quien le hace conocer al hombre ciertas verdades sobre la Creación, la relación entre el Creador y sus criaturas (entre los que estamos nosotros) y la vida futura. Para hacerlo, Dios lo revela por sus propias obras, por intermedio de profetas o encarnándose entre los humanos. De esta última forma lo hizo, para aquellos que.comparten mi religión, con Jesucristo, su Hijo. Este amado Dios-Hombre entre nosotros es la máxima expresión de la Revelación a través de sus actos, su vida, sus palabras y su propia muerte. Es la manera en la que el Creador, sabiendo más que nadie que nuestra razón es apenas un juguete cuando se trata de estas cosas, nos deja la fe para hacerse conocer. Como queda claro en su libro "Aproximación al Catecismo de la Iglesia Católica", la doctora en Teología Moral María Angela Cabrera, (mirá vos, se llama "Angela", justito) se ha definido por mucho tiempo al hombre como "un ser racional", pero la búsqueda de Dios que lo caracteriza hace que —tanto en Oriente como en Occidente— se coincida en definirlo más exactamente como "un ser religioso". En ese mismo libro mi joven y brillante amiga Cabrera dice que "la transmisión de la revelación divina se realiza a través de la Tradición, la Escritura y el Magisterio de la Iglesia". Juntas, si no, no vale. Atendiendo también a las revelaciones que nos cuentan los profetas antiguos e, incluso, a las llamadas "revelaciones privadas" que son las que puede tener cualquier persona aún hoy en día a través de hechos sobrenaturales que muchas veces son aceptados por la

Iglesia, aunque se aclara que no se trata de dogmas y que ninguna de ellas puede remedar o malinterpretar a la Revelación con mayúscula, como lo hacen generalmente las sectas que manejan la cosa de acuerdo a su conveniencia. Estas revelaciones —las que no admiten desacuerdo ni duda— están en los libros sagrados de cada religión. La Biblia hebrea, el Nuevo Testamento cristiano y el Corán musulmán son ejemplos de las tres creencias monoteístas más importantes del planeta. En todos estos casos se habla invariablemente de los ángeles y se lo hace a través de la Revelación. Quiero dejar esto en claro para que tomemos la cosa en serio y borremos de nuestras pequeñas mentes la idea que seguramente acompaña a la mayoría: "los ángeles son esos bebés con alitas que aparecen en los cuadros" o "son un invento que nos acompaña dulcemente en nuestra infancia". No. Los ángeles existen. En prácticamente todas las religiones serias se habla de ellos de manera muy clara y respetuosa. Los árabes de la antigüedad y distintas tribus semitas contaban que cada persona tiene cuatro ángeles encargados de su custodia. En una historia tradicional muy bella, decían que dos de ellos eran los que vigilaban durante el día, ubicándose a derecha e izquierda del individuo. Y que los otros dos lo cuidaban por la noche, situados uno a la cabeza y el otro a los pies. Al atardecer, los diurnos se retiraban para dejar lugar a los nocturnos y, al amanecer, éstos eran los que dejaban su custodia en manos de los primeros. Cuentan, también, que es durante ese relevo de guardia cuando los démones malos intentan aprovechar la más levísima desprotección para hacer de las suyas. De allí la necesidad de orar al salir el sol y repetir la oración cuando llegan las primeras sombras del día. Esto forma parte de la tradición y es hermoso.

En el Antiguo Testamento se menciona a los ángeles en 215 oportunidades. En los Evangelios se los nombra de manera directa y específica en 172 ocasiones. En total: 387 veces. Si a la Biblia se le quitara de un plumazo todo párrafo que habla de ellos o de sus intervenciones muchas cosas quedarían sin explicación.

Desde el Génesis nomás, en el Antiguo Testamento, aparecen ángeles como los enviados por Dios a las puertas del Paraíso para custodiarlas.

—*Querubines...*

Está bien, querubines. En el Nuevo Testamento es otro ángel (Gabriel) el que se le aparece a la Virgen para decirle "Dios te salve, María, llena eres de Gracia" y contarle que será la Madre de Jesús.

—*Un arcángel...*

De acuerdo, un arcángel. Al fin de cuentas ángeles son todos. Y lo que pasa es que todavía no hablé de las diferentes jerarquías.

—*No sería mala idea hacerlo ahora. Digo, nomás.*

Ah, muchas gracias. Si esa es toda la ayuda que vas a darme podés ir a dormir una siestita tranquilo.

—*¿Realmente querés que te deje solo?*

No, no. no te lo tomés así. Era una broma, nada más. No quiero que me dejes solo porque estar sin vos sería la peor de las soledades. No me desampares ni de noche ni de día, ya sabés. Pero podrías darme un poco más de luz, todavía. Tengo miedo de estar demasiado formal hasta ahora, demasiado con la cosa histórica, bíblica, religiosa.

—*Es que no estás hablando del Ratón Mickey, estás hablando de cosas que tienen que ver con la religión y me parece bien que aclares que el tema está lleno de alegría pero es algo serio. Por otro lado, me gusta lo que escribiste hasta ahora...*

Fantástico, el libro va a andar muy bien entre los ángeles. Voy a decirle a mi editor que se prepare para una gran venta porque ustedes son millones de millones.

—*Me estás tratando mal otra vez...*

Perdón. Es que estoy nervioso. Sigo avanzando con esto y. no sé si soy yo o sos vos. Además estoy ansioso por empezar a contar algún testimonio de hoy en día, esas historias preciosas que muestran que ustedes están aquí y ahora. Pero sigo hablando de hace dos mil años y mucho más atrás aún.

—*Para aprender a caminar primero hay que aprender a pararse. Vos estás poniendo los cimientos de la casa y te estás preocupando por el color que tendrán las paredes... El camino de las mil millas empieza con un paso, no te olvides.*

Eso es un proverbio chino.

—*¿Y que más da? Son ustedes los que etiquetan casi todo: proverbio chino, filósofo griego, savoir faire francés, garbo español, mostaza americana, coraje criollo, toque europeo y hasta esa frase increíble que decía que "Dios es argentino"... Nosotros no tenemos nacionalidad, ni raza, ni sexo, ni color, nada de eso. Nos importa el ser humano.*

Y, entre nosotros... ¿Dios se enojó con eso de que "es argentino"?

—*Estás cansado. Deberías parar aquí.*

Está bien, está bien. No se te puede preguntar nada sobre El, al fin de cuentas. Por lo menos podrías hablarme sobre vos. O aparecerte.

—*Contá uno de los testimonios de hoy en día así te tranquilizás un poco. Allí hay señales bien claras de nosotros. Después seguís con la historia. Contá lo de Susana López, por ejemplo.*

No, lo dejo para más adelante. Voy a contar lo de Alfredito Correas.

—*Luego. Ahora, te sugiero, contá lo de Susana López.*

Yo hago lo que se me da la gana, con todo respeto. No quiero sentir que el que maneja las cosas aquí sos vos. Voy a contar lo de Alfredito.

—*Lo de Susana López estaría muy bien.*

Dije que no. No voy a contar ahora lo de Susana López.

DOS

Ver a los ángeles

(Testimonio de hoy)

Voy a contar ahora lo de Susana López.

La tarde se había abrigado con un sol tibio y querendón. Estábamos los dos solos, en Pinamar, dulcemente abombados quizá por la calma que se palpaba y ese ambiente del bosque un poco mágico donde flotaba un tenue aroma a sal, abetos, eucaliptos. De cuando en cuando algún pájaro dejaba escapar un sonido que lo hacía parecer, al mismo tiempo, tan cercano y tan de otro mundo.

—*¿No es un poco meloso arrancar así una historia?*

Yo soy meloso, cualquier crítico podría decírtelo. Dejame seguir. Y te ruego que no te metas en los testimonios. Para esto me arreglo con el grabador.

—*Adelante, adelante...*

Susana López, chiquita y frágil por fuera, casi leve, inteligente, sumamente agradable, regalaba un sentimiento de paz con una sonrisa que parecía formar parte de ella desde siempre y para siempre.

—¿Cuántos años tenés? ¿Treinta y cinco?

—¿Treinta y cinco? Qué amoroso... Cuarenta y cinco.

—No los demostrás. Mentí.

—No puedo aunque quisiera. Tengo tres hijos, el mayor de veintitrés.

Susana López es docente desde hace unos cuantos años. Maestra y profesora de inglés en el secundario. Vive a 30 kms. de donde estamos, en General Madariaga. Es católica y sumamente piadosa. Su voz es dulce y sin apuros. Su vida parece ser igual.

La palabra "misticismo" significa "que incluye misterio". El vocablo "misterio" nos llega del latín y significa "cerrado". El diccionario lo define como "cosa secreta en cualquier religión". Aplicado al cristianismo es algo "inaccesible a la razón y que debe ser objeto de fe". Dice del misticismo que es "el estado de una persona que se dedica mucho a Dios y a las cosas espirituales", agregando que se trata de "un estado extraordinario de perfección religiosa que consiste en cierta unión del alma con Dios a través del amor y que puede ir acompañado de éxtasis y revelaciones". Vale resaltar esto para el comienzo de la charla.

—Contame desde el principio...

—Yo vengo de familia de místicos. Sacerdotes, monjas, laicos de mucha fe y compromiso. Pero yo vivía eso como muy de lejos, no lo tomaba en cuenta en realidad. Había tenido algunas visiones pero no tenía conciencia. Por eso, cuando me ocurrió aquello, no hice caso de lo que me avisó mi ángel.

—¿Qué fue "aquello"?

—Bueno... Estábamos en el aeroclub de General Madariaga, en el año 77. El 9 de septiembre del 77... ¿Viste esos paracaídas que te atan en la espalda y te ponen un arnés en el pecho que se une con un cable a un auto? Como esos que se ven en la playa, tirados por una lancha, pero éste era en tierra. El auto arranca, vos tenés que empezar a correr y a correr hasta que el paracaídas a tu espalda se llena de aire, el coche toma más velocidad y vos te elevás llevado por ese impulso, como un barrilete, como un pajarito. A mí después me bajaron de un hondazo...

—¿Qué pasó?

—Habían subido varias personas. Un amigo había traído ese juguetito de Estados Unidos y nos largamos a usarlo sin saber bien del tema. La cosa es que, cuando me estaban poniendo el arnés porque me había llegado el turno, yo sentí que alguien me tomaba de los hombros, me di vuelta y no había nadie a mis espaldas. Al mismo tiempo escuché con total claridad una voz que me decía "no subas". Era un tono imperativo, con fuerza.

—¿Oíste esa voz como ahora la mía o fue algo interior?

—La escuché de todas partes, por dentro y por fuera, era algo que no me dejaba dudas, algo vivo, presente. Cómo habrá sido que, cuando la oí tuve un estremecimiento que hizo que la persona que me estaba poniendo el correaje me dijera "¿qué te pasa, Susy? Si tenés miedo mejor no subas". Ni él ni nadie había escuchado esa voz. Yo, que no creía para nada que alguien te comunicara algo ni tampoco soñaba siquiera con ángeles de la guarda o cosa parecida, dije que quería subir, por supuesto. El auto arranca, yo corro, levanto vuelo y planeo un rato amarrada al cable que me unía al coche y mantenida por el paracaídas a unos sesenta metros del suelo. Era hermoso. Todo se veía hermoso desde allí arriba. Pero, en un momento dado, empieza a soplar un viento muy fuerte, de esos que aparecen de golpe. Yo me movía de un lado al otro, en el aire, y noto que una de las correas del arnés se me cruza sobre la garganta. Empiezo a pedir auxilio. Sentía que me estaba muriendo ahorcada allí arriba pero nadie podía ayudarme. Comencé a tironear, agarrando cualquier cosa. Con desesperación, tironeaba y tironeaba hasta que siento que algo se desprende. Cuando eso ocurre, el paracaídas se chupó y yo empecé a caer, apenas sostenida un poco, mientras la persona que manejaba el auto fue deteniéndolo para amortiguar en algo mi caída.

Estaba a veinte metros del suelo, según el cálculo de todos los testigos, cuando ya no hubo ningún sostén y caí a plomo. Yo ni siquiera me daba cuenta de lo que ocurría, sólo recuerdo que vi verde y marrón allá abajo y el viento que zumbaba por mi propia caída. Choqué contra el suelo muy violentamente. Sentí que retumbaba todo mi cuerpo.

—¿Cómo caíste? ¿De espaldas, de costado, cómo?

—Parada. En ese brevísimo instante en que me desplomaba desde aquellos veinte metros en caída libre yo sentía una voz que me decía solamente una palabra repetida: "floja, floja, floja". Ya no era esa voz fuerte e imperativa, casi enojada, como la que me había dicho que no subiera. Era más calma. Y le hice caso. Según dijeron eso ayudó mucho porque si hubiera caído dura me hubiera fracturado toda...

—Perdón... ¿eso quiere decir que no te fracturaste, cayendo desde veinte metros como un piano?

—No me fracturé. Se me aplastaron las vértebras dorsales y una quedó a un milímetro de la médula. No perdí el conocimiento en ningún momento y recuerdo bien que me llevaron con urgencia a una clínica. Después me vería el Dr. Ranaleta, uno de los mejores traumatólogos, que viajó desde La Plata y cuando le contamos todo y me revisó, no podía creer que yo estuviera parada y que caminara. Estuve noventa días inmovilizada por lo de las vértebras pero, ya ves, aquí estoy. Quince años más tarde.

—Allí empezaste a pensar más en tu ángel de la guarda.

—Y, sí, claro. Cuando era chica yo hablaba con lo que hoy puedo entender que eran ángeles, era algo normal que no me llamaba la atención. Pero, después de los siete u ocho años, la mente empieza a estar ametrallada por otras cosas y se va perdiendo esa naturalidad ante lo asombroso. Uno olvida aquello pensando que fue algo infantil y se empieza a meter en un mundo más material. Uno comete un gran error. Yo lo había cometido, también. Por eso, hasta ese accidente, ni se me cruzaba por la cabeza la idea del ángel guardián. Allí renació. Hubo algo dentro mío que no te puedo explicar con palabras pero que me dejaba bien en claro que esa voz fue la del ángel. Lo sé con certeza aunque no pueda aclararlo. Simplemente lo sé. Y, luego, ocurrieron nuevas cosas...

—¿Qué cosas?

—Se renovaron las percepciones que tenía cuando era chiquita. Ya de grande, como te digo, no creía nada en esas cosas, era una escéptica.

—¿Recordás alguna de cuando eras chica?

—Hubo muchas, pero yo no les daba importancia. Un día abrí la puerta de casa, miré a la calle y le dije a mi mamá: "Mami, mañana va a pasar· un coche fúnebre por esa esquina". Al día siguiente murió un vecino y pasó el coche fúnebre. Muchas cosas por el estilo, pero yo no les prestaba atención. Después del accidente todo se renovó y aumentó más de lo imaginado a partir del momento en que yo acepté.

—¿Aceptaste qué?

—La existencia de los ángeles. Rompí el bloqueo que tienen casi todos los adultos y fue cuando se abrió la comunicación.

—Contame un caso...

—Entre otras cosas advertí que son muchos los ángeles a los que podemos recurrir para que nos ayuden o ayuden a los demás. Una vez puse tres ángeles en la entrada de mi casa: uno en la puerta, otro en la del garage y otro en la ventana. Y les pedí que trataran de ayudar a toda persona que viniera mal...

—Perdón, Susy... Cuando decís "puse tres ángeles" te estás refiriendo a algo simbólico, supongo. No era nada físico, era espiritual...

—Claro, los veía yo.

—¿Los veías? ¿Con tus ojos?

43

—Sí, los veía yo. Les pedí que se pusieran allí y se pusieron. Y yo veía que de ellos caían chispitas como de luz. Eran dorados. Esos que puse allí eran dorados...

—No sé si entiendo bien... ¿los ves dorados? ¿vos podés verlos?

—Sí, claro.

El tono de esta última respuesta sigue siendo dulce y afectuoso pero casi recriminatorio, como diciéndome "¿cómo querés que te lo diga? Los veo, sí. Es lo más natural del mundo que los vea, no te asombres tanto".

—Cuando mis chicos se van de viaje, por ejemplo, yo le pido a un ángel que los acompañe y veo como se pone al lado del conductor.

—¿Los ves de la misma manera en que me estás viendo a mí ahora?

—Sí, de la misma manera. En esos casos sí.

—¿Cómo son?

—Es como si tuvieran una túnica, no tienen una forma en especial. Son luz. Son luz amarillenta. Y salen chispitas de luz de los costados. Así eran esos a los que les pedí que se pusieran en la entrada de casa para que ayuden a todo el que pasara por allí. Al rato vino a verme una persona que tenía muchos problemas. Quedó en la calle, en su auto, una chica amiga que la había traído. Yo estuve un rato largo con quien tenía tantos problemas, nos despedimos y se fue. A la hora, más o menos, me llama la chica que había quedado esperando en el auto y me dice: "Susy, no puedo estar tranquila si no te cuento lo que me pasó en la puerta de tu casa. Vos sabés que yo estaba muy nerviosa, muy mal, y por eso no quise entrar y me quedé en el coche. De pronto veo que se acercan tres formaciones, algo como luminoso, y una por una entraron en mi cuerpo por la cabeza y salieron enseguida. No sé qué era. Lo que sé es que quedé con una paz total, algo que no sentía hacía mucho. Tengo que contarte esto porque sigo sin entenderlo...". Yo le dije: "Mirá, no te rías, pero yo había puesto tres ángeles en la puerta para que ayuden al que lo necesitara". Ella me contestó: "¿Cómo voy a reírme? eso me pasó a mí, lo sentí, te acabo de contar que eran tres apariciones celestiales de acuerdo a lo que sentí. Y yo no sabía nada de lo que ahora me decís"...

—Creo que es obvio preguntarte si todos tenemos un ángel.

—Por supuesto. Y muchas veces más de uno.

—¿Vos tenés contacto con ellos? ¿Te dicen algo?

—Yo invoco su protección, los llamo. Hay que llamarlos con mucha fe y siempre te responden de una u otra manera. A veces yo sé que mi hija no está muy bien y le pido a mi ángel que vaya en su ayuda. Enseguida me transmite: "Está durmiendo, está vestida así o asá", me cuenta todo. Y, después, cuando ella me llama, lo que me cuenta coincide exactamente con lo que me dijo el ángel.

—Pero ¿cómo te lo dice? ¿te habla como yo?

—No. Lo siento, por definirlo de alguna manera, telepáticamente. Es una respuesta interior pero clarísima. Como si me hablara al alma.

—¿Vos tenés alguna explicación para todo esto?

—Es muy sencillo. Ocurre porque yo estoy abierta a recibirlos, porque les permito acercarse, porque sé que allí están y los invoco. Si alguien está cerrado a ellos, no hay caso. Uno tiene que estar completamente dispuesto a reconocer a Dios, por sobre todo, y ¿un ángel qué es? Una manifestación de Dios, una más.

—Lo que me contás ¿cambia tu relación con tu religión, la católica?

—Al contrario, la refuerza. El ángel es algo de mi religión. Yo sé muy bien que no se puede explicar cómo es posible que yo los vea o los oiga, eso es lo extraño y lo que me supera, eso es lo que tal vez sea más difícil de aceptar para mi religión católica, pero no puedo hacer nada para cambiarlo. Ocurre. Y sirve para ayudar a los demás.

—¿Qué sentís con todo esto?

—Y... a veces me siento sola, porque no hay mucha gente con la que se pueda hablar de estas cosas y que entiendan. Yo sé que no es fácil que acepten pero, bueno, así son las cosas. Me siento sola con respecto a personas pero siempre tengo la compañía del ángel, como todos.

Susana Teresa López dio un vuelco a su vida luego de aquel accidente por el que, razonablemente, debería haber muerto. Tuvo un acercamiento enorme a la fe y se transformó en lo que es: una estudiosa con rigor de temas sobrenaturales que no lastiman sino que aumentan su religiosidad cristiana. Debido al aplastamiento de sus vértebras se supone que no puede hacer ningún tipo de esfuerzo más allá de lo razonable. Sin embargo, ocho años después de su impresionante caída, vivió otro hecho extraordinario, en especial teniendo en cuenta su estado físico.

—Mi hijo Valentín, que hoy tiene 21 años, tenía catorce o quince y ya era un chico fornido, más pesado que yo, cuando, en un asado, se atragantó con un pedazo de carne y comenzó a ahogarse, empezó a ponerse negro. Yo tengo prohibido hasta levantar un balde con agua pero, en ese momento, sin pensar ni saber bien qué era lo que hacía, lo tomé de un tobillo y lo levanté en el aire, golpeándole la espalda hasta que despidió el pedazo de carne que tenía en la garganta...

—Si yo entendí bien, le golpeaste la espalda. Eso quiere decir que lo levantaste y lo sostuviste en el aire solo con una mano...

—Sí, lo tomé del tobillo con una sola mano y lo levanté en el aire manteniéndolo así mientras con la otra le golpeaba la espalda. Después de eso todos los que allí estaban y yo misma quedamos asombradísimos preguntándonos de dónde saqué esa fuerza... Es la fuerza del amor, Víctor, es la fuerza del amor. La fe mueve montañas y el amor también.

—¿Te sentís especial?

—No, al contrario. Yo no he tenido una vida de lo más prolija como para decir soy un ser especial o angelical. Tuve errores, como todo el mundo, y eso me hizo pensar muchas veces cómo es posible que pudiera gozar de algo tan hermoso. Pensaba que solamente personas beatas podían comunicarse con los ángeles y me preguntaba por qué a mí. Tal vez esto pueda servir para que alguien que cree que su vida no ha sido perfecta sienta que también puede acercarse a Dios y a los ángeles si abre su corazón para recibirlos. Ese es todo el secreto.

—¿Qué le dirías a los escépticos, los que no creen?

—Les diría que así como se pone mucha energía y mucho énfasis en ver lo malo, en creer lo malo, en escuchar lo malo, si aplicaran toda esa fuerza en ver, creer y escuchar lo bueno de todas las cosas, verían que es increíble como mejora todo... En este momento estoy recordando una estrofa de unos versos de Amado Nervo en los que el poeta le habla a Dios y le dice: "Si la ciencia engreída no te ve, yo te veo. Si sus labios te niegan, yo te proclamaré. Por cada hombre que duda mi alma grita ¡yo creo!. Y con cada fe muerta, se agiganta mi fe"...

—Me encantó. Tuviste una buena idea al poner ahora el testimonio de Susana, te felicito.

Tengo entendido que uno puede enviar a su ángel adonde quiera ¿no es cierto? El Papa Juan XXIII le cuenta a su hermana, en una carta que se conserva, que cuando él tenía una entrevista importante, la noche anterior enviaba a su ángel al ángel del personaje con quien se vería para que las cosas fueran luego más fáciles. También San Juan Bosco, Don Bosco, le pedía a menudo a su ángel que acudiera en ayuda de alguno de los muchos chicos que tenía a su cuidado. Y hay mil ejemplos más.

—*Es cierto. Pero, aunque no esté dentro de mis poderes saber en qué estás pensando, no hay que ser demasiado astuto para imaginarlo. No me mandes allí... Digamos que tuvimos una buena idea, los dos. Y ese final con lo de Amado Nervo es bonito. Los escritores, los artistas en general, son seres de luz...*

Seguro. Federico Nietzche, por ejemplo, que llegó a afirmar algo tan feroz y descarnado como "Dios ha muerto". Si tenía mucha luz no debe haber pagado la cuenta y se la cortaron, por lo visto.

—*La libertad de elegir, ya lo hablamos. En cierta forma Nietzche había tenido mucha luz. Se había criado en un hogar donde el rigor religioso era muy grande, tal vez algo abrumado por su padre calvinista que estaba muy cercano al fanatismo. Eso no es bueno, ningún fanatismo lo es. El pobre Nietzche fue siendo abandonado por todos sus amigos en la misma medida en que crecía su afirmación de que ustedes, los hombres, son amorales por naturaleza y sólo podía formarse una nueva raza, un "superhombre", basándose en el poder de los más fuertes. Muchos dicen que esas ideas fueron la base del nazismo. Lo cierto es que Nietzche perdió al último de los amigos que le quedaban, el músico Wagner, y vivió en la más absoluta soledad y en estado total de demencia durante sus años finales.*

No quiero ponerme mordaz, pero ¿y su ángel? ¿estaba de vacaciones? Más aún, ya que lo mencionaste: ¿Hitler tenía un ángel de la guarda? ¿O Stalin, o Jack el destripador o cualquiera de esos que aparecen en los diarios por haber hecho cosas que me asquean hasta reproducirlas aquí?

—*Sí, tenían un ángel. Todo el mundo lo ha tenido, lo tiene y lo tendrá. Pero es el hombre el que elige su vida y sus ideas. Un místico que nació en el año 1300, el ale-*

mán Juan Tauler, escribió que cada hombre ha sido encomendado a un ángel particular que está a su lado y que jamás lo abandona. Dijo que si los humanos se dieran cuenta de lo que significa esa protección, del enorme poder y amor que contiene, amarían mucho más aún a Dios aunque más no fuera por ese único motivo. Pero cuenta, también, que cada persona tiene rondando a su alrededor un demonio particular que es totalmente opuesto al ángel bueno. Si el hombre fuera lo suficientemente sabio despreciaría lo que ese demonio le ofrece a cada paso y terminaría siéndole tan útil como su angel protector. Otra vez aparecen ustedes eligiendo de qué lado luchar. El bueno de Tauler termina con una frase que sirve, y muy bien, para cuando ustedes pasan por momentos duros: "Si no tuviéramos ninguna lucha, no tendríamos ninguna victoria".

Tampoco tendríamos ninguna derrota ¿no?

—Cierto. No tendrían nada. Serían una nada. No creo que nadie elija eso. Hasta las plantas luchan por sobrevivir y lo logran aún en las tierras más áridas.

Y eso que no tienen ángeles que las protejan.

—Sí que tienen.

Ey, hablemos de eso. No me imagino a un geranio con un angelito.

—Hablemos de las jerarquías angélicas, si te parece bien. En eso habíamos quedado. Después vendrá lo demás.

Sí, ya sé. Los cimientos, el paso de las mil millas y todo eso.

—Especialmente "todo eso". Vamos, contalo con seriedad pero con alegría, con documentación pero sin ponerte pesado, con ejemplos, con ideas, con regocijo, con mente abierta.

Fantástico. Ya lo dije: este librito se va a vender a lo loco entre los ángeles.

TRES

Serafines, querubines y tronos

No vayan a creer que todos los ángeles son iguales.

De la misma manera en que los mortales somos idénticos como género humano pero cada uno de nosotros es diferente a todos los demás y tiene distintas funciones que cumplir, ellos siguen esa regla de la Creación. Son miríadas, que es una medida sin medida ya que significa algo así como millones de millones hasta tal punto que no se lo puede determinar. Son inmortales, razón por la cual no necesitan reproducirse pero van aumentando siempre de acuerdo a la decisión divina.

Son el verdadero "Ejército de Dios".

Habiéndonos sacado de la cabecita la idea de los bebés de cara bonita que aparecen en cuadros y esculturas —lo cual no está mal ni tampoco es un error en muchos de los casos— vayamos a algo decididamente serio para los creyentes como es el Antiguo Testamento. Allí se los define, a lo largo de muchas menciones, como: enviados, mensajeros, espíritus puros, centinelas, habitantes del Cielo, fuerza de Dios, hijos del Creador, miembros de la familia divina, y otros conceptos similares. Si degradáramos la idea de Dios comparándola con la de un simple rey de los que habitan la tierra, los ángeles serían su corte. Y, como toda corte, cada uno de sus integrantes forman grupos con distintas jerarquías.

La idea de que la cosa es así viene desde hace milenios, pero quien se encargó de establecer con claridad esas diferentes clases de ángeles fue alguien de la antigua Grecia a quien se conoce hoy (y así aparece en casi todos los libros que lo mencionan) como Dionisio, el Areopagita.

En realidad —y esto se aclara en pocas ocasiones— aquel que estableció las jerarquías angélicas no se llamó así. Nunca nadie supo su verdadero nombre y se le atribuyó esa especie de seudónimo que es Dionisio. En cuanto a lo de "el areopagita", merece explicarlo.

El areópago era, en la vieja Grecia, el lugar donde se reunían los más altos jueces, algo así como una Suprema Corte que tenía la particularidad de tratar desde una simple rencilla familiar, hasta el más aberrante de los crímenes. Tenían, también, ingerencia en los hechos morales y cargaban con castigos muy duros a los que rompían esas normas. Podían condenar a muerte y lo hacían bastante a menudo, para ser francos. El nombre de "areópago" les viene del significado de la palabra en griego: "colina", ya que era en la colina de una montaña donde se reunían para deliberar. Sus integrantes, pues, eran los areopagitas.

A fines del siglo V, día más, día menos, un desconocido escribió las jerarquías angélicas atribuyéndolas al tal Dionisio. Pero, en verdad, nunca se supo el nombre de aquel al que aún hoy se le sigue respetando la clasificación. Es un misterio más que hace que me pregunte si no fue un ángel quien nos hizo conocer sus categorías con permiso de Dios, por alguna razón que desconocemos, como casi todas las razones. En los libros más serios e informados donde se menciona a este personaje, se lo hace con el nombre de "Pseudo-Dionisio, el Areopagita", el falso Dionisio. El verdadero había sido convertido al cristianismo por San Pablo y tuvo un destacado papel en la religión, pero no fue el autor del ordenamiento que vamos a mostrar.

También es bueno puntualizar aquí que esta clasificación coincide con los nombres dados a los ángeles en varias menciones de las Sagradas Escrituras, pero la división que estamos tomando no tiene estricto fundamento bíblico. Se dice, igualmente, que pudo haber sido San Ambrosio quien los separó en nueve rangos. El ángel, como tal, es una verdad de fe, algo indiscutible. Pero esta clasificación, si bien está aceptada como válida, no es un dogma. Vale la pena, de todas formas, mostrarla desde la óptica católica, a cuya doctrina en nada afecta.

Aclarado el punto, vamos a las jerarquías.

Son tres, cada una formada por tres coros, por lo cual quedan divididos en nueve categorías.

Estas son, de acuerdo a esa antigua clasificación:

Primera jerarquía

PRIMER CORO: LOS SERAFINES

Es el más alto de los órdenes angélicos. Rodean al trono de Dios y es su función principal la de alabarlo. Son los más cercanos al Creador y cantan de manera ininterrumpida lo que (no es casual) forma parte de la liturgia de la iglesia: "Santo, Santo, Santo, es el Señor Dios de los Ejércitos. Llenos están los cielos y la tierra de Su Gloria". A primera vista suena como no muy importante su función, pero ocurre que esa alabanza permanente no es otra cosa que una refirmación del amor a Dios, una manera de crear una y otra vez al mismo amor. Serían los generadores de ese sentimiento que es, quizá, lo que mantiene aún al mundo como algo que, a pesar de todo, sigue siendo un sitio habitable. Basta con que ustedes piensen un momento, apenas, en lo que sería esta tierra sin el amor. Imaginen que no aman a nadie y que nadie los ama. Los hijos, esposas, maridos, padres, hermanos, amigos, son simplemente individuos a los que nada nos une y que andan por ahí pensando lo mismo de nosotros o —lo que es peor— ni siquiera pensando en nosotros. Un mundo sin amor sería un espanto tan grande que hasta duele querer imaginarlo. Nada tendría sentido. En una vida así, un robot sería más emotivo que Mary Poppins. Hay, es cierto, algunos que tienen como centro de sus vidas el ganar mucho dinero, gozar sin sentimientos al estilo animal irracional, hacer cualquier cosa a cualquiera para mantener el poder o las riquezas, usar al prójimo en lugar de hacer algo por él. Ese tipo de gente casi descartó al amor y, teniendo en cuenta que mi ángel me reta si escribo ciertas palabras, diría que llevan una vida de estiércol por más fortuna que tengan. ¿Por cuánto venderían ustedes a un hijo, por ejemplo? Si ponen una cifra, la que sea, mejor cierren este librito y olvídense de que existe. No me estoy ubicando en medio de una falsa moralina que dice despreciar al dinero, no. Es una necesidad que calma los nervios, no hay más remedio que admitirlo, pero no es un fin, no sirve para comprar lo que vale."¿Me da un kilo de amor?" "¿A cuánto están hoy las esperanzas, don Ramón?" "En el shopping hay una liquidación de ternura que no te la podés perder." No suena ¿no?. O la vida misma. No voy a ponerme en tonto y negar que el que tiene dinero suficiente tendrá mejor educación o mejor atención médica, por ejemplo, pero eso no alcanza. Jacqueline Kennedy murió en este 1994 dejando una herencia de doscientos millones de dólares, pero esa cifra no pudo comprarle un día más de vida y es posible que tampoco la felicidad, pobrecita. Un mundo sin amor sería una inmensa bola de caca en la cual nosotros reptaríamos como gusanos. Los serafines, cantándole su amor a Dios, están recreándolo a cada instante. Miren si sirven.

Se los describe como fulgurantes. Según el relato del profeta Isaías, que tuvo una videncia de ellos rodeando al trono de Dios: "Cada uno de ellos tenía seis alas. Con dos se cubrían el rostro, con otras dos los pies y con las dos restantes volaban". El hecho de que cubrieran su rostro es signo de que ni siquiera ellos pueden soportar la inmensidad de la Luz Divina. Por mi resabio racional me inclino a pensar que una descripción como esa, bien pudo haber sido producto de la imaginación de Isaías.

—*Te recuerdo que "imaginación" es uno de los nombres que nos dan los humanos, sin saber que se están refiriendo a nosotros.*

Ah, apareciste. ¿Así que ustedes son la imaginación?

—*En cierta forma y humildemente, sí. Nos llaman de muchas formas, pero la que más nos gusta es cuando nos mencionan como "intuición". A vos te ocurrió muchas veces, por ejemplo. Eso de decidir hacer algo —o decidir no hacerlo— cuando tu inteligencia, sin embargo, te indica lo contrario.*

Sí, es cierto, me ocurrió muchas veces. Me ocurre, en realidad. Te lo agradezco.

—*A mí no. Yo sólo hago lo que Dios me indica, para eso estoy. Sería una gran equivocación crear una idolatría de los ángeles. Sería falso.*

Después hablamos de eso. Sigo con las jerarquías.

SEGUNDO CORO: LOS QUERUBINES

La palabra nos llega desde la muy antigua cultura asiria, en la cual "karibu" significaba "el que se comunica". Se da por entendido que se trata de una comunicación directa con Dios. Es curiosa la coincidencia que se da, muchos siglos después, entre los musulmanes: en ese caso el vocablo "karrubiyán" quiere decir "los que están cerca", también con referencia a Alá, a Dios. En hebreo, a su vez, la palabra "kerub" es "el que intercede". Fíjense como, en culturas tan importantes y distintas, el sentido es casi el mismo: comunicarse, estar cerca e interceder ante Dios. Ya desde el vamos queda en claro que se trata de una de las más altas jerarquías, la que le sigue a los serafines. Sin duda han sido elegidos por el Creador como una clase muy especial: fueron justamente querubines los enviados por Dios al Este del Paraíso, a sus puertas, para que las custodiaran con espadas en llamas para que nadie pudiera llegar al Arbol de la Vida, aquel cuyos frutos nos darían la inmortalidad, pero que nos está vedado desde el traspié bíblico de Adán y Eva. Las travesuras de la historia y algo que no tiene una explicación que valga la pena, haría que, desde el imperio romano, se llamara "querubines" a nuestra idea más habitual del ángel: el bebé buenísimo al estilo Cupido. Pero no eran así sus imágenes de acuerdo a los profetas y estudiosos del tema sino, por el contrario, metían miedo. Muy luminosos y emanando todo el poder otorgado por Dios, eran insobornables vigilantes de lo sagrado. Entre los babilonios se los esculpía como feroces defensores de sus templos, colocándolos en el frente como para que nadie se pasase de listo. Los asirios habían instalado a la entrada del palacio del rey —que era también un templo— unas esculturas protectoras que representaban a dos toros alados con rostro humano que, en la actualidad, se conservan en el British Museum de Londres. Eran, para ellos, querubines. Su calidad de guardianes infranqueables está dada, también, en un símbolo claro de la religión hebrea: el Arca de la Alianza, del que ya hablamos, contaba con dos querubines en su parte posterior y a manera de fabulosos custodios. En las puertas del Paraíso, en la entrada de los templos babilónicos, en el frente de los asirios, en el Arca de la Alianza y donde sea que aparezcan, están estableciendo bien clarito que allí comienza lo sagrado y que no dejarán que se lo perturbe.

Por otro lado, a la vez —y de la misma manera en que los serafines son considerados como los perpetuos generadores del Amor— los querubines emanan Conocimiento y Sabiduría. Son, también, los que cuidan la Luz y los Cielos. Hay una historia muy curiosa que parece involucrarlos. Antes de contarla quisiera poner en claro que esa versión fue publicada por varios diarios del mundo tres años después de que presuntamente había sucedido. Nadie habló oficialmente sobre el tema, pero tampoco nadie lo negó después de las publicaciones. Se cuenta que en 1985 un investigador soviético, que desertó para refugiarse en los Estados Unidos, llevó con él varios informes secretos. En uno de ellos se mantenía bajo el rótulo de "estrictamente confidencial" el relato de los tres astronautas rusos que tripulaban —en 1982— la estación espacial Salyut 7, lanzada en abril de ese año. Ellos eran Vladimir Solevev, Oleg Atkov y Leonid Kizim. Cuando llevaban algo más de cinco meses de orbitar alrededor de la tierra en aquel laboratorio astronáutico contaron que, de pronto, fueron encandilados por una luz potentísima cuyo color oscilaba entre el dorado y el naranja rabioso. Enseguida, de acuerdo a lo establecido en su informe según la versión, los tres vieron flotando junto a su nave, como si estuvieran acompañando al vuelo, a siete figuras enormes con formas humanas que parecían tener alas del tamaño de las de un avión jumbo 747 aunque difusas como si fueran un banco de niebla, algo imposible a esas alturas. Esta visión duró más de diez minutos en los cuales las gigantescas figuras les daban la sensación de sonreírles, mientras los seguían muy cercanos a la nave. El informe en cuestión fue calificado de "alto secreto", se consideró que se había tratado de una alucinación colectiva y no se habló más del tema. Pero no por mucho, ya que apenas dos semanas después, otra nave soviética —la Soyuz T7, lanzada el 19 de agosto de ese 1982 y cuya misión era acoplarse a la anterior— vivió la misma experiencia. Abordo viajaban los cosmonautas Leonid Popov, Aleksandr Serebrov y la científica Svetlana Savistkaya, una experta piloto y paracaidista de 34 años de edad. El informe producido por

este trío fue casi exactamente igual al de sus compañeros de la otra nave. Se incluía una declaración de la única mujer del grupo, quien describía lo que habían visto
como "siete ángeles enormes que parecían sonreírnos
como si compartieran con nosotros algún glorioso secreto". Teniendo en cuenta que las autoridades de la Unión
Soviética no se distinguían precisamente por su devoción religiosa y que el comunismo que representaban
era definitivamente ateo, no es para nada extraño que
ese hecho haya sido ocultado celosamente. Dos años
después, en 1984, aquella que dijo ver a los ángeles en
el espacio exterior volvía a tripular una nave —la Soyuz
T12— y pasó a la historia no sólo por haber realizado
dos viajes espaciales sino, también, por ser la primera
mujer que sale al exterior del vehículo astral. Un año
más tarde, en 1985, el científico desertor de la URSS hace conocer —entre otras cosas— el informe donde se
cuenta esta historia. Al filtrarse en parte a la prensa, la
respuesta oficial fue invariablemente "sin comentarios".
Ni sí ni no. Sin comentarios. Si seguís allí me gustaría
que me aclares ese episodio.

—*Sin comentarios.*

Muchas gracias. Esta ha sido la opinión oficial de mi
Angel de la Guarda, Mariano. Evidentemente las autoridades angélicas no están dispuestas a colaborar demasiado con la prensa en ciertos temas. Luego de este
corte comercial continuamos con este tema. No cambien de libro.

TERCER CORO: LOS TRONOS

Esta categoría les va a caer especialmente bien a los
que gustan del tema de los ovnis. Los Tronos son los ángeles que tienen a su cargo el cuidado de los planetas
que forman el universo. Otro nombre que se les da es el
de Ruedas. Entre los hebreos son llamados, también,
"Galgalines". El vocablo "galgal" significa, a la vez, "pupi-

la del ojo" y "rueda". Aquí comienzan las curiosidades. A diferencia de los serafines y los querubines, muy cercanos a Dios hasta por sus mismas funciones, los Tronos tienen su campo de acción en un punto intermedio entre los cielos y la tierra. Es como si estuvieran más cercanos a lo material sin perder, por supuesto, su condición absolutamente espiritual. Para describirlos y hallar allí el motivo de ese otro nombre (ruedas) voy a transcribir literalmente párrafos del Libro de Ezequiel, del Antiguo Testamento. Está escrito unos 600 años antes del Cristo y, si apareciera hoy en alguna publicación sin contar quién es su autor, cualquiera podría creer que se trata del testimonio de alguien que vió a un ovni y a sus tripulantes. Quien me señaló este texto en una charla no fue un experto en platos voladores ni cosa parecida sino el doctor Raúl Horacio Tear, un excelente médico y querido amigo apasionado por los temas de los misterios históricos y religiosos en los que hurga con gran rigor y seriedad. Ezequiel fue uno de los grandes profetas del pueblo hebreo. En el relato que sigue estaba junto al río Kebar cuando, según sus palabras, "fue allí sobre él la mano de Yahveh" (Dios). Esto dice, exactamente, en la Biblia, cosa que ustedes pueden constatar si tienen una a mano, cosa que les recomiendo:

"Y miré y he aquí que un viento tempestuoso venía del norte, una gran nube y un fuego inflamado que brillaba todo alrededor, y en medio de él una especie de electro que salía del medio del fuego. Y del centro del mismo surgía la forma de cuatro seres cuyo aspecto era este: tenían forma de hombre y cada uno tenía cuatro caras y cuatro alas tenía cada uno de ellos. En cuanto a sus piernas, eran como una pierna robusta de un hombre y la planta de sus pies como la planta del pie de un ternero, y brillaban como bronce bruñido. Tenían manos de hombre por debajo de sus alas. Estas se tocaban

61

las unas con las otras, y los cuatro tenían las mismas caras y alas; al caminar no se volvían, cada uno avanzaba de frente. La forma de sus rostros era rostro de hombre y rostro de león a la derecha de los cuatro, y rostro de toro a la izquierda de los cuatro, y rostro de águila en los cuatro..."

"En medio de tales seres aparecía una visión como de brasas incandescentes, como visión de antorchas que se paseaba entre los seres y un resplandor como fuego y del fuego salían relámpagos. Y los seres iban y venían a modo de exhalación. Y miré a los seres y he aquí que había una rueda en la tierra junto a los seres, a los cuatro lados. El aspecto de las ruedas y su hechura eran como la de la piedra de Tarsis: una misma forma tenían las cuatro, y su aspecto y su hechura eran como si una rueda estuviese en el centro de la otra..."

"Sus llantas tenían gran altura e infundían pavor, pues sus llantas estaban ribeteadas de ojos alrededor en las cuatro. Y cuando se movían los seres animados, marchaban igualmente las ruedas al lado de ellos, y cuando los seres se elevaban de sobre la tierra, elevábanse también las ruedas. Hacia donde el espíritu los movía a marchar, marchaban..."

"Sobre las cabezas de los seres había una especie de firmamento, a modo de cristal resplandeciente, extendido por encima de sus cabezas, en la parte superior. Y bajo el firmamento se desplegaban sus alas, la una hacia la otra, y cada uno tenía dos que les cubrían sus espaldas. Y percibí el ruido de sus alas cuando marchaban, a modo del ruido de muchas aguas, como la voz de Shadday; un ruido tumultuoso como el ruido de un campamento; al detenerse plegaban sus alas..."

Luego Ezequiel sigue relatando que, por sobre esos seres, había una figura suprema y luminosa a la que define como Dios ya que termina diciendo "Esta era la visión de la imagen de la Gloria de Yahveh". El profeta cae "rostro en tierra" ante semejante magnificencia divina y a partir de allí escucha la palabra del Creador. Si les interesa lo que sigue, ya les dije, tomen la Biblia que no muerde. Lo que aquí destaqué de manera absolutamente textual, aun con el estilo de escritura que no es habitual para nuestra gramática, es la descripción del profeta de los seres que transportaban nada menos que a Dios. Impresiona que mencione en su época "era como si una rueda estuviese en el centro de la otra", lo cual da una idea prácticamente idéntica a las descripciones que, en nuestro siglo, son dadas por aquellos que dicen haber avistado lo que llamamos "platos voladores". También es muy curioso que escriba que esas ruedas "estaban ribeteadas de ojos a su alrededor", lo que para un especialista en ovnis no sería otra cosa que una sucesión de ventanitas luminosas de una presunta nave. Podrían decir, igualmente, que al hablar Ezequiel de "bronce bruñido" que cubría alguna parte de esos seres estaría señalando un traje espacial, por ejemplo. O un casco de astronauta cuando cuenta que sobre las cabezas de ellos "había una especie de firmamento, a modo de cristal resplandeciente". Y hasta el sonido al desplazarse, "tumultuoso como el de muchas aguas, como el ruido de un campamento", parece semejar el zumbido de alguna suerte de motor propulsor, una fuente de energía. Los expertos en ovnis podrían asegurar, en definitiva, que aquello era una aparición de extraterrestres. A mí me cae muy simpática la idea de que haya otros mundos habitados, lo admito y hasta me parece posible. Esto no interfiere en nada mis creencias religiosas ni las de ningún otro. Ya en el año 1686 el literato francés Bernard de Fontenelle escribió en su libro "La pluralidad de los mundos" que: "Pensar que puede haber más de un mundo habitado no está en contra de la razón ni de las Escrituras. Si Dios se glorificó haciendo un mundo,

cuantos más mundos haya hecho mayor será su gloria".
Si bien es cierto que Dios no necesita "aumentar la producción" para aumentar su gloria y lo de Fontenelle es
más una excusa literaria que un argumento filosófico, es
verdad que no afectaría en lo más mínimo a ninguna
creencia la posibilidad de la existencia de vida en vaya a
saber uno dónde. Hasta aquí seguramente los expertos
en ovnis han dejado este librito por un momento y se
han puesto de pie para aplaudir, pero no se apresuren,
muchachos, vuelvan a sentarse que ahora viene lo mejor
y no estoy demasiado seguro de un nuevo aplauso.

La teoría de los apasionados por los ovnis sería, ante
el texto de Ezequiel, que se trata de una aparición de
extraterrestres, está dicho. Pero difícilmente podrían
negar mi propia teoría, a la que reconozco como totalmente audaz pero bien posible: la cosa podría ser exactamente al revés, es decir que lo que se ha calificado en
los últimos cincuenta años como seres de otros planetas o naves provenientes de otros mundos no fueran
otra cosa que mis queridos ángeles.

—*Me parece muy bien.*

Eh, te jugaste. ¿Así que aprobás mi teoría?

—*No me refería a tu teoría. Dije que me parecía muy
bien, pero me estaba refiriendo a que nos llames "mis
queridos ángeles". Me gusta. El resto es cosa tuya, no
seré yo el que avale o niegue ciertos misterios. No es esa
mi función. Convencer a los demás es tu problema.*

Yo no quiero convencer a nadie de nada. Simplemente cuento algo que se me ocurre. ¿No es por lo menos extraño que en las apariciones de ovnis nunca hayan atacado a nada o a nadie, cuando es evidente que
su poder es mucho más grande que el nuestro? Ningún
ángel, por ejemplo, sería capaz de levantar un dedo para dañar a un hombre. Dios te libre.

—*Dios me libró ya, no te preocupes por eso. Gozo de
libertad al igual que vos, aunque le pertenezca a El, al
igual que vos. Pero ambos elegimos que así fuera. Dios*

nos libró, ya, nos liberó hace rato. Nos dio tanta libertad que hasta podemos elegir ser esclavos.

Está bien, está bien, no nos apartemos del tema. Estoy esbozando una teoría interesante, después de todo. Ni siquiera el más conservador y ortodoxo de los fieles religiosos puede despreciar una idea como ésta, que no está en contra de los dogmas, ni de la doctrina de la Iglesia, ni de las Escrituras, sino al contrario. Ezequiel no describía a presuntos extraterrestres sino exactamente a lo que se dice que estaba definiendo: ángeles. Y, de acuerdo a la Tradición, específicamente pertenecientes a la jerarquía de los Tronos, las Ruedas, una de cuyas funciones más importantes es la de ser "los carruajes de Dios", su transporte. Y, como si todo esto fuera poco, una de sus tareas es hacernos llegar la Justicia de Dios. Me encanta pensar que los ángeles custodian al planeta. A pesar de todo lo que pasa en él, quizás no existiría más si no existiera esa custodia. Ya sé que no necesitan hacerse visibles, pero a veces sí lo hacen. Porque hay casos en los que se corporizan ¿no?

—*No te apresures, ya vamos a hablar de eso.*

¿Vamos? ¿Qué es eso de "vamos"? No, no me digas nada, no pienso discutir el tema otra vez. Vuelvo a lo de las jerarquías angélicas. Ya vimos cómo es la primera de ellas y los tres coros que la forman, los más cercanos a Dios. Vamos a la segunda, pero luego. Te aviso que voy a terminar aquí el capítulo.

—*¿Razones literarias?*

Razones gastronómicas. Tengo hambre. Voy a bajar a comer.

—*No estaría nada mal que, en agradecimiento por haber avanzado ya bastante en estos últimos días, ofrendaras ahora un ayuno, mi querido gallego...*

Me parece muy bien.

—*¿Ayunar? ¿Te parece muy bien hacer el sacrificio de ayunar? ¡Vaya! Veo que estás cambiando mucho tus costumbres.*

No me refería a tu idea. Dije que me parecía muy bien, pero me estaba refiriendo a que me llames "mi querido gallego". Me gusta.

—*Touché. A eso, en fútbol, se le llama "devolver la pelota".*

Y en esto de escribir se lo llama "recurso literario". Aunque, a estas alturas, ya no sé si estoy escribiendo yo este librito. Me obsesiona la idea, no lo puedo evitar. No te veo ni te escucho, pero te siento con demasiada claridad, aun en los jueguitos de palabras. Quiero dejar bien sentado que aquí el que escribe soy yo.

—*En todo caso, la que escribe es la computadora. Manejada por vos, por supuesto, y con tus ideas, pero la que escribe es ella ¿no?*

Eso es otro juego de palabras. Es como si dentro de tres mil años algún arqueólogo de esa época descubre una lapicera y asegura que era eso lo que escribía cosas hermosas usando a una persona sólo como instrumento.

—*A veces pasa... Acordate de Alfredito Correas. Ahora sí sería buen momento para contar ese caso ¿no creés?*

Sí, lo creo. Tenés razón otra vez. Además me tocaste el alma con tu dedo al hablarme de eso que, de sólo recordarlo, me llena de ternura y me asombra una vez más. De acuerdo. Voy a contar esa historia real maravillosa y después seguiré con lo de las jerarquías. Ustedes, los ángeles, tienen muchas maneras de manifestarse y esta fue de las más bellas. Voy a hablar de eso, sí. Es una buena idea, mi querido Mariano.

—*Me parece muy bien.*

¿Lo de la idea o el hecho de llamarte "mi querido Mariano"?

—*Las dos cosas, querido gallego, las dos cosas.*

CUATRO

Una visita angélica

(Testimonio de hoy)

A veces, más veces de las que imaginamos, es posible que los ángeles tengan algún tipo de "permiso especial" para meterse en nuestros propios sueños o pensamientos y modelar situaciones que son de puro regocijo. En ocasiones, también, pueden ser ellos los que nos hagan llegar un mensaje cuando más lo estamos necesitando. El caso que sigue, con los nombres reales de todos sus protagonistas, es un buen ejemplo. Y es de una belleza sobrecogedora.

ALFREDO CORREAS tenía 23 años cuando decidió pasar el 8 de diciembre de 1992 en la ciudad de Colonia, Uruguay, con algunos amigos. Alquilaron dos motos. Alfredo conducía una de ellas. La tranquilidad habitual del lugar, sumada al feriado, hacía que el tránsito de vehículos fuera muy escaso; sin embargo el choque con aquel camión fue inevitable y brutal. Alfredo moriría a consecuencia del accidente. Todo suena como el final de una historia que lo tiene a él como protagonista pero, en realidad, era sólo el principio. Y él seguiría siendo el protagonista.

Un año más tarde, dos mujeres emocionadas pero serenas cuentan todo lo asombroso que ocurrió en ese tiempo. Ambas son bellas en su estilo y edad, delatañ con su sola presencia una buena educación y un excelente nivel sociocultural. Tienen "clase" de manera natural, sin hacer nada para tenerla. No se les quiebra la voz cuando hablan, no hay lágrimas, y sus tonos, que estremecen por momentos por la firme ternura con la que desgranan el relato, muestran la fuerza que solamente la fe puede darle a alguien. Saben que algunos podrían mirarlas raro por dar la cara y el nombre para contar lo vivido, pero no les importa mucho. Son católicas con firmeza, y lo hacen porque esta historia puede alcanzar esperanzas a mucha gente. Eso sí les importa mucho.

CLARA CORREAS DE VILLAMIL tiene 26 años, es casada y madre de dos hijos. Vive en el barrio de Palermo, en la Capital. Habla de Alfredo, su hermano.

MARIA ROBERTA MALLEA DE CORREAS es la mamá de Clara, tiene cinco hijos más y 49 años de edad. Vive en el barrio de Belgrano. Habla de Alfredo, su hijo.

A partir de este punto respetaré textualmente lo que surge del grabador.

María Roberta: Cuando nos avisaron, mi marido y yo tomamos enseguida un avión a Montevideo, adonde habían llevado a Alfredo en una ambulancia. No sabíamos en ese momento que el accidente había sido tan grave. Yo me imaginaba piernas rotas o ese tipo de cosas. Cuando llegamos al hospital, un lugar terrible, muy feo, nos dicen inmediatamente que Alfredo había muerto y que si queríamos donar los órganos. Nos quedamos en estado de shock total... Un médico cirujano de ese lugar, con el que se habían comunicado varios amigos nuestros de Buenos Aires, nos dice que aún no estaba muerto, pero que estaba en coma cuatro, prácticamente descerebrado. Nos aconseja traerlo a Buenos Aires.

Clara: Pero contale cuando entraron a verlo...

MR: Sí. Estaba conectado a un respirador y a todos esos aparatos. Entramos y vimos que estaba intacto, no tenía un golpe, nada, nada de nada. El golpe había sido en la cabeza y no tenía casco... Yo había leído sobre el estado de coma. Lo acaricié, lo abracé e inmediatamente sentí que el monitor conectado a su corazón empezó a aumentar el ritmo. Se lo conté al médico, que me dijo que eran aparatos muy sensibles que reaccionaban enseguida, pero a mí me dio la sensación de que Alfredo nos sintió llegar a pesar de su estado.

(Es absolutamente posible que así fuera. Aun en un coma profundo las personas seguimos percibiendo cosas, sin que esto tenga una explicación científica clara porque el cerebro no está cumpliendo con sus funciones. De todas formas se sabe con certeza que el último sentido que un ser humano pierde antes de su muerte física es el del oído y esto no es una hipótesis, es un hecho comprobado. De allí que el "Libro Tibetano de los muertos", un compendio que fue trasladado a su versión escrita hace unos 2.800 años, indica que a aquellos que acaban de morir hay que evitarles alboroto y llantos a su alrededor. Por el contrario, señala que hay que acompañar ese paso de esta vida a la Otra con palabras suaves y cariñosas, de manera natural y llena de sereno afecto. Un libro similar dejado por los egipcios —hace unos 4.500 años— aconsejaba lo mismo. Los médicos de la actualidad que han avanzado más en terrenos filosóficos también lo hacen.)

MR: Lo trasladamos a Buenos Aires. Yo trabajo en el CEMIC y una ambulancia de allí nos esperaba en Ezeiza. La gente del CEMIC hizo lo imposible para intentar una recuperación, pero la tomografía mostró que el daño del cerebro era total... Ese día, cuando nos dejaban entrar a terapia intensiva, le hablábamos estando seguros de que nos escuchaba. Allí fue cuando le puse la estampita de la Virgen de San Nicolás debajo del colchón...

—¿Qué le decías?

MR: Le pedía desesperadamente que no se muriera,
pero también le decía que si tuviera que morir no íbamos a discutir la decisión de Dios. Ahora me alegro de
habérselo dicho... El martes 8 fue el accidente, estuvo
internado todo el miércoles, y la vereda, la calle donde
está el CEMIC, estaba llena de personas que conocían
y querían a Alfredo. La gente que andaba por el lugar
preguntaba qué había pasado, por qué había allí tantas
personas. Aunque todos sabían que ya no había nada
que hacer, se veían grupos con rosarios que rezaban y
pedían creo que, más que nada, por el alma de Alfredo... A la mañana siguiente, jueves 10 de diciembre,
nos dijeron que no había resistido más. Hizo un paro
cardíaco y había muerto...

C: Para mí fue muy impresionante que estuviéramos
allí, en terapia intensiva, y que las enfermeras la abra-
zaran a mamá y lloraran...

MR: La médica de terapia intensiva lloraba conmigo,
también. Yo, como a los veinte días, saqué una carta de
lectores en "La Nación" agradeciendo al CEMIC, a la
gente, a los que habían rezado, y además ponía una
parte de esa oración de San Agustín que vos mencionás
en un libro...

La oración de San Agustín que nunca me cansaré de
repetir dice, como palabras de alguien que murió dirigi-
das a los que quedaron en la tierra:

No llores si me amas.
¡Si conocieras el don de Dios y lo que es el Cielo!
*¡Si pudieras oír el cántico de los ángeles y verme en
medio de ellos!*
*¡Si pudieras ver con tus ojos los horizontes, los cam-
pos eternos y los nuevos senderos que atravieso!*
*¡Si pudieras, por un instante, contemplar como yo la
belleza ante la cual los astros palidecen!*

Créeme: cuando la muerte venga a romper tus ligaduras como ha roto las mías y, cuando un día que Dios ha fijado y conoce, tu alma venga a este Cielo en que te he precedido, ese día volverás a verme y encontrarás mi corazón que te amó y te sigue amando, con todas las ternuras purificadas.

Volverás a verme pero transfigurado y feliz, avanzando contigo por los senderos nuevos de la Luz y de la Vida, bebiendo a los pies de Dios un néctar del cual nadie se saciará jamás.

Por eso, no llores si me amas.

No sólo se trata de un texto muy bello sino, también, de un cántaro lleno de esperanza con esas palabras escritas por uno de los Padres de la Iglesia y una de las mentes más lúcidas e impresionantes de la historia del mundo. A los 37 años Agustín se ordenaba como sacerdote, y a los 41 fue nombrado obispo de Hipona. Es el más importante de los llamados Padres de la Iglesia, y sus escritos teológicos son, simplemente, imprescindibles. Hoy está demostrado que un ser humano usa, apenas, entre el 8 y el 12 por ciento de su capacidad cerebral. Pero San Agustín no tenía ese dato y no lo necesitaba. Sabía por pura fuerza de la fe que lo sobrenatural excede por mucho a la razón. Ese era el hombre que escribió aquella bella oración, que hoy cualquiera de nosotros puede leer como dicha por algún ser amado que ya no está en la tierra.

MR: Recibí miles de cartas y de llamados por aquello que publiqué en "La Nación"... Yo había puesto la estampita de la Virgen de San Nicolás bajo el colchón de Alfredo, después la saqué y la llevo pegada en mi Biblia. Lo que es impresionante es que una compañera mía de trabajo, que ni siquiera era muy religiosa, la noche anterior a la muerte de mi hijo se quedó dormida rezando el rosario y prometiéndole a la Virgen que, si

Alfredo se sanaba, ella iría caminando a San Nicolás. Se despierta entre las siete y siete y media, la hora en la que Alfredo moría. Y cuenta el sueño que tuvo: ella estaba en un cuarto de CEMIC donde había una cama hecha, prolija, y a un costado un grupo de personas que parecían médicos porque todos vestían de blanco. Alfredo aparecía parado junto a la cama, con una gran ventana detrás de él por donde entraba una luz muy brillante. Ella veía todo como si estuviera ocurriendo en un escenario. Alfredo, en el sueño, se dirige a ella y le dice: "Decile a mamá que estoy muy bien, que no se preocupe porque yo estoy muy bien. Ahora no entiende, pero más adelante va a entender...".

C: Muy sonriente...

MR: Sí, sonriente, alegre, y repitiéndole fundamentalmente "decile que estoy muy bien". Y el grupo de personas que vestían de blanco asentían y decían "está todo bien, está todo muy bien". Ella creyó que Alfredo se había salvado, pero al llamar se enteró de que había muerto. Aquel "estoy muy bien" no se refería a esta vida. A mí ese sueño me dio una enorme paz...

—¿Cómo se llama tu amiga?

MR: Mónica Fernández Cornejo. El otro día fuimos juntas a San Nicolás, y de la enorme cantidad de gente que hay cada día 25, unos periodistas de un canal de allí, nos pararon a nosotras para preguntarnos si teníamos un testimonio que contar. Averiguamos que eran gente seria y Mónica contó su sueño ante las cámaras.

—Hubo otros sueños...

MR: Sí, varios. Al mes del accidente mi hija menor, Inés, de 8 años, sueña que está en un jardín y se le acercan unas chiquitas que tenían debajo del brazo unos redondeles dorados. Le decían "vení que Alfredo está en la cocina". Inés las siguió y se encontró con Alfredo, sentado en una mesa. La abraza, la besa y le cuenta que había ido a visitarla y que le podía pedir un deseo. Inés le dice: "que te quedes en la tierra con nosotros". Y Alfredo le contesta: "Eso no puede ser, no es posible, pero me voy a quedar en el corazón de ustedes". Inés se despertó y vino a mi cama en la madrugada, llorando porque todavía no puede entender qué es "quedarse en el corazón de nosotros"...

(Mónica Fernández Cornejo lo soñó a Alfredito rodeado por "un grupo de personas vestidas de blanco en un lugar con mucha luz". Inés, de ocho años, sigue en su sueño a "unas chiquitas que tenían debajo de los brazos unos redondeles dorados", siendo ellas quienes la invitan a ver a su hermano. ¿No les resultan familiares estas descripciones?)

—Por lo que la gente me dice, no es habitual soñar con aquellos seres amados que murieron, al menos enseguida. Muchos me contaron que se dormían pensando en ellos para forzar el sueño, pero sin suerte. En ustedes la cosa se repitió mucho. Vos, Clara, también lo soñaste...

C: Sí, también. Yo me mudé en enero a un departamento nuevo y me dio una gran tristeza porque Alfredo no llegó a conocerlo. No podía parar de llorar. El es padrino de mi hijo más grande, Estanislao, que tiene cuatro. Sigue siendo el padrino, en el Cielo. Y se adoraban. Fue la otra gran tristeza que no estuviera para escuchar las gracias de Estanis, cuando era el primero en festejarlas... Esa noche sueño que yo le estaba dando de mamar a la beba, que en esa época tenía tres meses, y aparecía Alfredo pero nítido, nítido, nítido. A mí no me impresionaba verlo, me parecía lo más normal. Entra y empieza a hacerle cosquillas a Estanislao, a jugar con él, y me dice: "Clara, vos que no querías mudarte, este departamento es bárbaro. Acá ves el cielo, ves las estrellas"... En el sueño recuerdo que lo recorríamos pero sin movernos del lugar. En el balcón me decía "mirá, acá podés tomar sol", todo en palabras de él...

MR: "Febo" decía...

C: "Podés tomar Febo, este departamento es lindísimo." Y, cuando vuelve a entrar, la persiana estaba muy baja porque entraba mucho sol y él se va a agachar pero dice: "Ay, me olvido que esto no necesito hacerlo más", y atravesó la persiana... Ahí fue cuando me impresionó...

—¿Cómo lo veías en el sueño?

C: Lo veía igual que siempre. Todo el tiempo sonriente y muy cariñoso. El siempre era cariñoso pero allí era como más todavía. Después de volver a entrar al departamento sigue jugando con Estanis y yo le digo: "Pero mirala a Catalina, fijate lo grande que está", refiriéndome a la bebita. Y Alfredo me dice: "Clara, a Catalina la veo crecer todos los días, igual que vos". Es al día de hoy que cada vez que lo veo a Estanislao hacer una gracia, ya no me pongo triste. Sé que lo está viendo. Ese sueño me cambió... me cambió todo.

—¿Y el de la Iglesia del Socorro?

C: Alfredo, mi esposo Javier y yo trabajábamos filmando en video casamientos y esas cosas. Una noche soñé que estaba en la Iglesia del Socorro, que era la que más le gustaba a él. Yo iba por detrás del altar y me encontraba con una señora que estaba allí. Después de ese sueño fui al lugar exacto y cada cosa que había era exactamente igual a las que aparecían cuando lo soñé, todo. La señora estaba sentada y yo pasaba de largo, pero ella me decía: "No, Clara, te estoy esperando. Vení a sentarte acá conmigo". Llevaba puesto como si fuera un vestido blanco y no se le veía el pelo. Tenía una mirada que me hizo pensar que yo de allí no me movía por nada. Me tomaba las manos y su piel era muy suave. De repente me doy cuenta de que está descalza. Yo no sabía quién era. Entonces me dice... (a María Roberta) contalo vos que lo anotaste...

MR: Clara le dice a esa señora: "No te quedés acá, te estás perdiendo el casamiento, andá del otro lado". Y ella le dice: "Yo ya estoy del otro lado"... Cuando se lo contamos a un cura amigo nos dijo que eran unas frases tan... tan claras... La señora, después, le dice a Clara: "Yo sé que los momentos que estás viviendo son muy duros, yo viví la muerte de mi hijo". Y sigue diciendo: "Tus padres fueron elegidos para esto. El día que murió Alfredo yo hice una alianza con tu madre", y después le dice: "Ahora te voy a hacer un regalo"...

C: Esa parte no me la voy a olvidar más porque creo que fue la imagen más linda que tuve en mi vida. Ella me miraba y yo me sentía como toda chiquitita a su lado. Me suelta las manos, las une como si guardara algo y las abre de repente. En ese momento yo veo la cara de Alfredo pero sonriente, sonriente, me abraza y me da un beso. Y ahí se terminó el sueño. Yo me desperté, la llamé a mamá y le conté todo con detalles. Era un sueño, sí, pero todo muy nítido, nada que ver con sueños normales. Era como si hubiera estado realmente en el Socorro con Alfredo y con la Virgen. Todo hacía pensar que era un mensaje de la Virgen...

MR: Todo lo hacía pensar, sí, pero yo necesitaba algo así como una confirmación de alguien con autoridad. En los primeros momentos de la muerte de Alfredo casi nos habíamos rebelado contra todo lo que tuviera que ver con la fe, estábamos como enojados...

—Es humano...

MR: Es humano, sí. Después comenzamos a entender. Por eso lo fui a ver al padre Juan Torrellas, que es el que casó a Clara, para contarle el sueño. "Pero ni dudes", me dijo. "Además palabras como 'Alianza' están muy ligadas a la Virgen, y Clara no va a elucubrar precisamente un signo tan evidente"...

(En efecto, la Virgen es para la fe católica el Arca de la Alianza. Los hebreos designaban con esas palabras al receptáculo sagrado que era el símbolo de la alianza entre Dios y los hombres, figurando de esa manera en el Antiguo Testamento. Guardaba, entre otras cosas, nada menos que el espíritu de la fe y la esperanza. Tan preciado objeto fue visto por última vez en Babilonia y desde hace siglos se le perdió la pista. Fue reflotada en la ficción del cine en "Los cazadores del Arca perdida", una de las películas de Indiana Jones. En el cristianismo, San Juan escribe en el Apocalipsis sobre la Nueva Alianza, siempre como representación de la unión entre el Creador y los hombres, señalando que es la Virgen María el arca viviente que concretará esa unión. El Arca de la Alianza. Quienes estuvieron y están, desde siempre, al cuidado del Arca —y de la Virgen, claro— han sido, por supuesto, los ángeles.)

MR: Lo increíble es que hubo muchos otros que soñaron con Alfredo. El hijo de mi cuñada, que era íntimo de él, soñó que se lo encontraba y que Alfredo le decía "El cielo es bárbaro", así con las palabras con que hablan los chicos ¿no?... Juanfri Firpo, Juan Francisco, el amigo que estaba con él cuando fue el accidente, lo soñó en tres ocasiones y dice que uno de esos sueños fue tan nítido que cuando se despertó sintió que Alfredo estaba ahí, sentado junto a su cama. Y muchos primos, sin saber entre ellos que los otros lo habían soñado. En todos los casos la sensación es de un enorme cariño hacia todos y repetir que está muy bien.

C: Fueron muchos. Y todos los que lo soñaron se despertaban con la gran sensación de paz que te dejan esos sueños, porque son sueños distintos.

Yo sé que hay casos en los que se sueña una misma cosa varias veces...

—Sí. En psicología se llaman "sueños recurrentes".

C: Pero nunca supe de sueños que se continuaran, como me ocurrió a mí.

—¿Que se continuaran?

C: Sí. Nosotros nos reunimos todos los miércoles por la noche a comer, toda la familia, es una costumbre de siempre. La segunda vez que soñé con Alfredo todo ocurría en una de esas reuniones. El llegaba y todos lo recibíamos con besos y abrazos. Nos decía: "Tengo permiso para venir por un día". Yo le preguntaba: "Pero ¿tenés una misión?", y era como que él no podía contestarme algunas cosas. Sonreía, nada más. Y le preguntábamos: "¿Y vos los ves a los ángeles?". Se reía y trataba de esquivar algunas preguntas. Y le pregunté: "Y a la Virgen, ¿la ves?". Allí puso una cara como diciendo "sí, la veo" pero sin hablar sobre eso, con una sonrisa lindísima, luminosa. En eso aparece en el sueño Inés, mi hermana más chiquita, llevando en brazos a mi beba. Yo le digo: "Alfredo, ¿no te impresiona lo grande que está Catalina?". Y él me mira con una cara de "otra vez" y me contesta lo que ya me había dicho en el sueño anterior: "Clara, ya te dije, a Catalina la veo crecer todos los días, igual que la ves vos", medio como ofendido, como diciendo: "¿Es que no te acordás las cosas que te digo?"...

MR: María Roberta, mi hija de 18 años, y Teresa, su prima de 19, soñaron exactamente el mismo sueño con días de diferencia, sin saberlo. Recién cuando me lo cuentan a mí, cada una por su lado, vemos que eran iguales. Alfredo entraba por una ventana por la que se veían muchas estrellas, a las dos les había dicho que no se asusten y se quedaba un rato hablando con ellas de Dios. Sabían que les había hablado de Dios, pero por más esfuerzos que hicieron, no pudieron recordar qué.

Y aquí llega lo más impresionante de toda esta historia.

De una manera por completo inexplicable y estando en perfecto estado de conciencia, despierta, Clara Correas recibe un mensaje que percibe como si le fuera dictado. Un mensaje de su hermano Alfredo, seis meses después de su muerte.

—¿Cómo arranca todo eso?

C: Empezó de a poco. Un día yo estaba en la iglesia del Santísimo Sacramento, había ido a filmar una boda. Había un coro lindísimo que cantaba el Ave María y en ese momento sentí que Alfredo me hablaba. No era mi conciencia ni mi imaginación, era Alfredo con palabras y frases armadas sobre las que yo no tenía ningún control...

—¿De qué manera lo sentías? ¿Como una voz, como ahora lo mía?

C: No, no era así. Lo sentía con mucha claridad, sin dudar de que me estaba hablando pero escuchándolo dentro mío, no es fácil de explicar. Es como algo mental que recibís, algo para lo que no necesitás ningún sentido ¿entendés?, pero clarísimo... Al principio me encantaba pero dudaba. Me preguntaba hasta que punto por ahí no era yo... Hasta que llegó aquel día...

—Contamelo en detalle...

C: Ibamos al campo, en un auto. Los chicos dormían y todo estaba muy tranquilo. Yo viajaba atrás, había un casete con música clásica, suavecita, y el cielo estaba muy estrellado. Yo empecé a rezarle a la Virgen mentalmente porque siempre sentí que era una manera de acercarme más a Alfredo. En un momento dado mi marido dice algo, creo que cuanto tiempo faltaba para llegar. Y en ese instante fue como que, de repente, me empezaron a caer frases, frases, frases. No me daba tiempo de pensarlas. Es muy difícil de explicarlo. Cuando esto terminó me di cuenta que todo tenía un significado absoluto. Por el final yo escuché la frase donde menciona a Santo Tomás. Yo no sabía que era uno de los apóstoles y ni siquiera entendía qué había querido decir esa frase, lo que demuestra que no pudo nacer de mí... Llegamos al campo y yo estaba impresionadísima, no podía ni hablar. Al rato, le pregunto en un aparte a Javier, mi marido: "¿Uno de los apóstoles era Santo Tomás?". Y Javier me dice que no. "¿Cuál era el que no creía?", le insisto. "No sé, creo que San Lucas", me dice. No coincidía con el final de lo que yo había escuchado y me sentí un poco desilusionada, pero estaba convencida de que lo de Santo Tomás tenía algún significado...

(Santo Tomás era, en efecto, uno de los apóstoles. Aquel que al escuchar de sus compañeros el relato de la resurrección de Jesús, no lo creyó. Lo hizo cuando se apareció Cristo ante él y lo invitó a meter sus dedos en las llagas de la crucificción. Sólo así quedó convencido, y avergonzado por su falta de fe. El error de Javier es común ya que muchos, al oír de Santo Tomás lo identifican rápidamente con el de Aquino, una de las máximas figuras intelectuales del cristianismo, pero más de doce siglos posterior. El final del mensaje tenía mucho sentido, como veremos.)

—Clara, ¿vos te acordabas perfectamente de todo el mensaje?

C: Todo. Todo, todo, todo. Aunque en el momento en que recibía aquello no tenía tiempo de pensarlo porque no había pausas, después me quedó grabado absolutamente, palabra por palabra.

—Lo que vos sentiste se llama, dentro de los fenómenos religiosos, "locuciones". Locuciones interiores. Una voz dentro tuyo...

C: Lo supe después, cuando le pregunté a un sacerdote amigo mío... En un primer momento no comenté eso con nadie, ni con Javier. Esperé a volver a casa, dos días después. Al llegar, esa noche las frases se repetían en mi cabeza todo el tiempo. Al día siguiente yo estaba viendo el programa de Mirtha Legrand. Cuando vinieron los avisos apagué la tele. Estaba sola y con la beba durmiendo. Empecé a rezar y a rezar para que me iluminen porque quería escribir todo. De repente agarré una hoja y una birome y empecé a escribir todo de corrido, de corrido, si vos ves la hoja vas a ver que no hay tachaduras ni correcciones, todo está de corrido, de corrido, escrito muy rápido...

—¿Te dabas cuenta de lo que escribías o era como seguir un dictado?

C: Me daba cuenta porque era exactamente lo mismo que ya había oído, pero era como si otra vez me estuvieran iluminando para escribir todo tal cual. Lo guardé enseguida en la mesita de luz. Volví a encender la tele y estaba terminando otro bloque de Mirtha Legrand, o sea que todo lo que hice sucedió en lo que dura un bloque del programa, fue muy rápido. Era un mensaje muy claro y hermoso de Alfredo, a seis meses de su muerte...

El mensaje, escrito con una letra que no es la habitual de Clara, tal vez por la velocidad con que fue impreso en el papel; no utiliza tampoco términos habituales en ella. Incluso la mención de Santo Tomás de quien Clara ni siquiera sabía si era o no uno de los apóstoles. Lo que allí figuraba no le pertenecía. Está dicho en primera persona. Lo que ella sintió como dictado por su hermano Alfredo dice, de manera textual, bella e impresionante:

Si te pudiera contar cómo se vive el tiempo acá.

Antes cuando vivía en la vida terrena siempre había un momento para esperar un viaje, una fiesta, un día por el que cada uno espera. Acá no es necesario esperarlo, esos días están en el momento.

Dios nos hace tan limitados al principio para después mostrarnos lo que es ser libres realmente. Ahora no puedo creer haber visto el mundo por dos agujeritos tan chiquitos como son los ojos. Acá podés mirar todo sin límite y no es como allá que al mirar te encontrás con cosas tristes. Acá mirás y es todo un placer; nunca vi nada en la tierra tan lindo como esto.

Yo puedo ver no sólo este paraíso sino a cada uno de ustedes. En el mismo momento puedo verlos aunque estén en lugares diferentes.

También quería contarte que tengo un jardín tan lindo... Y que cuando pase ese tiempo que están viviendo y estén acá en Dios y conmigo, vamos a poder recorrerlo juntos. Te voy a mostrar cada flor que tengo. Las tengo gracias a los actos de amor de la gente que quiero. Cada vez que hacen un acto bueno, de amor, florece una flor y yo sé cuál es de cada uno. Y las riego, las cuido y las vigilo para que siempre estén ahí y no desaparezcan. Ya vas a entender cuando estemos juntos y podamos abrazarnos, como sé que tanto soñás.

No te guardes todo esto. Tenés tanta fe cuando te hablo que se me hace más fácil. Hacé de cuenta que te llamé por teléfono, por el teléfono del alma. Y si alguien cree que todo esto es ridículo, no importa, es tan corto ese tiempo que enseguida van a descubrir la verdad.

Ahora que conozco la vida de Jesús no hagas como Santo Tomás. Los ojos y el ver no te confirman nada. Sólo el alma lo hace.

Les pido disculpas

He intentado ser aséptico, imparcial y objetivo a lo largo de todo este relato. Admito ahora —y les pido disculpas— que mi propia fe me inclina a romper esa norma. Esta historia me emociona y no puedo ni quiero evitarlo. La imagen de Alfredo, desde una foto suya que puse frente a mí mientras escribía este texto, ya no es sólo la de un muchacho hermoso, lleno de de pureza y juguetón en sus 23 años. Es la de un amigo nuevo. Pueden pensar lo que quieran, es su derecho, pero sepan que su mamá y su hermana no tenían ninguna obligación de contar todo esto y nada ganan con hacerlo. Cada domingo se reúne toda la familia y van juntos a misa en su homenaje. Lo mismo cada día 10 de todos los meses. Pero no bastaba. La esperanza hay que compartirla. Y el ángel ayuda.

C: Al principio yo pensé que no tenía que contar nada, que me iban a tomar por loca o algo así, pero Alfredo mismo dice en ese mensaje: "No te guardes todo esto"... Y tiene razón. Gente que estaba gravemente enferma nos agradeció con emoción que le diéramos una copia del mensaje, lo mismo que otras personas que perdieron a seres queridos, muchos. Vimos que ayudaba, desde nuestra misma fe. Eso es lo que interesa.

MR: En los primeros momentos no nos animábamos a mostrárselo a Freddy, mi marido. No sabíamos qué podía pensar él...

C: Un día vino a almorzar a casa y yo le dije: "Papá, tengo una carta de Alfredo". Me miró y se sonrió, como no creyendo demasiado. "Tengo una carta de Alfredo y no la leíste", le insistí. "Lo que pasa es que no estoy en un momento para eso, estoy muy triste", me dijo. "Precisamente por eso. Es muy linda y dice cosas que te van a hacer bien." Pero me cambió de tema. Le di una copia que se guardó sin decir nada. Cuando nos reunimos todos, como cada miércoles, papá la había leído el día anterior. Apenas llegué me dio un abrazo muy fuerte y solamente dijo: "Que suerte tenemos que Alfredo nos haya escrito una carta".

Qué suerte tengo yo de escuchar estas cosas y ustedes de leerlas. Son un regalo enorme. Sólo basta aceptarlo y agradecerlo.

Milán: un caso idéntico

El 2 de junio de 1988, Beatriz Malerba, de 23 años de edad, viajaba en una moto cuando chocó contra un auto muriendo a consecuencia del accidente. Siete meses después, su madre María Stella comienza a recibir mensajes en forma de locuciones interiores. Eran mensajes de su hija. En una nota realizada para la revista "Para Ti" en 1991 por Bruno Passarelli, corresponsal de Editorial Atlántida en Italia, la señora María Stella Malerba cuenta: "Beatriz comenzó a aparecer en mis sueños, con una nitidez impresionante. Estaba radiante, vital... Me hablaba lárgamente y me contaba cómo era la vida en el otro mundo...".

En otro párrafo del reportaje de Passarelli, la mujer dice: "El 26 de enero de 1989 yo estaba leyendo la Biblia cuando, imprevistamente y sin ninguna razón, tomé una libreta de apuntes y un lápiz y mi mano derecha, empujada por un inexplicable y desconocido impulso, comenzó a moverse... Me sentía guiada por una fuerza extraña... Lo primero que escribí y que era legible fue: 'Luz, luz, qué hermosa es la luz, estoy en la luz'... Luego otra frase: 'Dios es maravilloso'...".

La señora de Malerba cuenta que, en el momento de escribir, no tiene idea de lo que está poniendo sobre el papel y que sólo después de terminar el mensaje lo lee para enterarse. Relata: "Beatriz comenzó a dictarme mensajes largos, completos. Al principio eran mensajes consolatorios, me decía que yo debía estar tranquila porque ella se encontraba en 'la Luz', donde imperaban la serenidad y el amor y donde era feliz, inmensamente feliz, pudiendo hacer cosas para nosotros, sus familiares en la tierra. Una frase me impactó especialmente: 'Las madres no deben llorar por los hijos muertos porque éstos se transforman en ángeles y los ángeles son su luz y su guía'...".

En otras locuciones, cuenta la señora de Malerba que su hija Beatriz le habló de la bondad y la dulzura de la Virgen, así como de la misión que tienen las almas en el Cielo sirviendo a los demás. Estos mensajes se repitieron hasta tal punto que conforman un libro ("Diálogos de amor del Cielo a la Tierra") cuyos derechos fueron íntegramente donados a UNICEF. Los textos fueron analizados por expertos de la Iglesia Católica que confirmaron que no había una sola frase que estuviese en contradicción con los dogmas o doctrinas de la fe. Monseñor Sergio Mercanzin asistió a la presentación del libro. El padre Corrado María Rossetto escribió: "Estoy en condiciones de señalar que este libro nace de un auténtico diálogo entre el Cielo y la Tierra"; mientras que otro sacerdote, el padre Tobías Borrero, afirmó: "En estas páginas he hallado rayos de luz, llamados urgentes a la purificación, al amor, a la santidad y a la certeza de la existencia de una vida futura".

La señora María Stella Malerba termina diciendo: "Si estos mensajes proviniesen de mi subconsciente o si fuesen fruto de mi fantasía, deberían estar poblados de inexactitudes doctrinarias, de errores teológicos. Sin embargo están en perfecta sintonía con las enseñanzas de la Iglesia. ¿Podría haberlos escrito yo, que en definitiva soy una pobre cristiana de limitada formación en la materia, que nunca estudió ni se interesó por la teología?".

Ni Clara Correas ni su mamá María Roberta, hermana y madre de Alfredito que nos soplan las heridas con su relato a cara y alma limpias, tenían idea de la existencia de ese caso. Se enteraron en el final de la entrevista y fueron las primeras sorprendidas con las coincidencias que muestra con lo vivido por ellas.

Desde un punto de vista estrictamente científico no hay manera de respaldar hechos como los que aquí se cuentan. Tampoco hay manera de negarlos. La parapsicología seria esboza hipótesis que dependen de cada profesional. Los de formación religiosa lo aceptan como una cuestión de fe, mientras que los agnósticos recurren a posibilidades que terminan siempre en expresiones del subconsciente o el inconsciente. Lo que queda en claro es que para ninguno de ellos, para nadie en realidad, hay manera de explicar cómo es posible que los que reciben este tipo de mensajes interiores llamados locuciones, puedan escribir sobre cosas que les son por completo desconocidas. ¿Estás ahí?

—*Siempre estoy aquí. Y tal vez sea algo tonto, pero me emocioné...*

Yo también, Marianito. Y no creo que sea algo tonto. Es la vida, con sus bellezas y dolores, con sus pruebas y sus gestos heroicos, con todas sus angustias y sus esperanzas. ¿Qué es vivir, al fin de cuentas?

—*Apenas el primer capítulo de la más grande aventura. Ya lo verás.*

CINCO

Dominaciones, virtudes y potestades

Imagino una guitarra boca arriba, en el medio de un campo. A unos pocos metros hay un enorme sembradío de trigo con espigas maduras y doradas, meciéndose como si fueran la rubia cabellera de la tierra. La guitarra está quieta, solita, abandonada. De repente hay un viento que crece y hasta asusta. Va aumentando su soplo gigantesco y los trigos se inclinan sumisos apuntando, casi como en una reverencia, al sitio descampado donde la guitarra yace. Y el viento sopla más y más y más. Y comienzan a soltarse de las espigas los granos que las cubren. Y vuelan con una fuerza inusitada llevados por ese huracán inesperado del que nadie es testigo. Y algunas de ellas rebotan impetuosas en las cuerdas de esa guitarra que parecía muerta. Y lo hacen con tanta precisión, con tanto encanto, que del instrumento comienza a surgir una melodía muy suave que agobia de belleza. Y esa música tenue y delicada pero terriblemente poderosa en sus acordes dulces, llega a ser más importante que el sonido furioso de aquel viento. Y el viento, dominado, vencido por una simple melodía que lo supera y mucho, va aflojando su furia, se vuelve apenas brisa y flota ya sin fuerza sobre el campo trigueño. Recién entonces la guitarra calla. Queda allí, nuevamente, muy quieta y boca arriba como antes, quizás esperando, ¿quién puede saberlo? Pero el viento ya sabe y la respeta. Se retiró vencido y así queda, porque si intenta ahora un nuevo ataque todo volverá a darse igual que antes y volverá a perder, igual que siempre.

Imagino que ese huracán furioso y sorpresivo es algún dolor cruel, un desengaño, tal vez una traición, un llanto, un miedo. Cualquiera de esas cosas que aparecen de golpe en nuestras vidas queriendo arrasar todo o casi todo. Y que aquella guitarra, que está siempre esperando por las dudas, es el ángel que calma, que devuelve el aliento, que coloca las piezas de este rompecabezas que es la vida en su lugar justito, que reflota la paz, que sopla al alma.

No hay que prohibir al viento, no se puede. Siempre aparecerá en cualquier momento, generalmente cuando no se espera.

Hay que amar la guitarra defensora, la custodia que Dios siempre nos pone tocando en ella, apenas con un grano, una fiel melodía que mata a las tormentas a fuerza de esperanza y de pureza.

No hay que prohibir al viento, no se puede, porque hasta el mal es libre en este mundo por orden del Creador, que nunca yerra y que lo deja estar como una prueba que debemos sortear si somos fuertes. Pero también alcanza el instrumento que puede ser cualquiera: una guitarra, una mano extendida, una sonrisa, una carta olvidada, el sol, un ruido o tal vez un silencio, ¿quién lo sabe? El ángel se disfraza en muchas formas, incluso en la de un ángel.

No hay que prohibir al viento, no se puede.

Hay que amar la guitarra, Dios la toca.

Y, a veces, con un grano. Un simple grano.

—*Ey, me gustó eso. Y lo escribiste de un tirón. Además no estaba en tus planes comenzar el capítulo con algo así.*

En los últimos años estoy advirtiendo que son demasiadas cosas las que no están en mis planes pero que las hago. No me lo dictaste vos ¿no?

—¿*Quién? ¿Yo?... No. Yo miraba por detrás de tu hombro, nada más. Y sonreía porque me gustaba lo que iba apareciendo en la pantalla. Para ese tipo de cosas también hay ruidos que nosotros percibimos y ustedes no. Eran campanitas, ahora. Cada palabra era como una nota musical dada por una campanita de cristal. Pero no tuve nada que ver.*

Está bien, lo que importa es que allí está. Vamos a seguir con lo de las jerarquías, ahora.

—¿*Vamos? El que escribe sos vos, galleguín. ¿No era que no te gustaba hablar en plural cuando se trataba de eso?*

Tal vez me esté acostumbrando. Perdón... ¿eso fue una risita?

—¿*Risita? No, no. Fue el viento, afuera. O tu alma, que le hace cosquillas a tu cerebro. A veces pasa.*

Las jerarquías. Vamos a seguir con las jerarquías.

Segunda jerarquía

Cuarto coro: las dominaciones

Los tres coros de esta jerarquía están dedicados —siempre de acuerdo a la clasificación del pseudo-Dionisio— a conservar el equilibrio de lo material con lo espiritual, tarea que no es precisamente fácil, imagino. Todo aquello con lo que convivimos tiene dos aspectos: lo positivo y lo negativo, lo natural y lo sobrenatural, lo blanco y lo negro, o —para sintetizarlo, quizás— el bien y el mal. Existió, hace muchos siglos, una religión que estaba basada especialmente en esa premisa: los maniqueos. El maniqueísmo nace en el siglo III con Manes, un persa que sostenía que no había términos medios y lo hacía de manera fanática. En la religión por él fundada se entremezclaban de un modo alocado conceptos del cristianismo, el budismo, el zoroastrismo y algunas otras creencias que ya tenían mucho peso. Manes terminó siendo decapitado por sus enemigos, que no eran pocos, pero el concepto religioso duró hasta el siglo X y se fue extinguiendo hasta desaparecer. No sólo hay blancos y negros en la existencia, hay muchas tonalidades grises en el medio. Y esas son las que mantienen en equilibrio las Dominaciones. Sopesar lo material y lo espiritual, hacer que ambos convivan, los ubica como gestores de la Misericordia Divina. Algo así como los que interceden ante el Creador diciéndole (y esto corre por mi cuenta y en mi lenguaje): "Santo Padre, tratá de entender a esta gente que goza de lo espiritual pero está atada a tantas cosas materiales, incluyendo esos cuerpos que tienen".

A la vez, este coro angélico tiene la tarea de administrar y coordinar a las otras categorías por debajo de ellos. Son la oficina de Dios, poco más o menos y con todo respeto.

QUINTO CORO: LAS VIRTUDES

Una categoría apasionante para nosotros, los humanos. Su función especial es la de obtener Gracias Divinas cuando así debe ser. No me pregunten cuándo debe ser porque lo ignoro. Nadie lo sabe, en realidad. Pero las Virtudes son los que gestionan y obtienen de Dios cosas como lo que aquí llamamos "milagros". No cometan el error de confundir todo y abalanzarse a orarle a las Virtudes como si fueran la panacea absoluta. Eso sería falsa idolatría y una tremenda equivocación. Estos ángeles no son magos con varitas que usan a troche y moche, sino servidores del plan divino y no del nuestro, en cada problema que nos aqueje. Los verdaderos milagros vienen de Dios y de ninguna otra parte. Los ángeles y los hombres —cualquiera de nosotros, en verdad— son instrumentos que Él usa para producirlos. El milagro en sí es algo misterioso y forma parte del plan divino, razón por la cual es imposible saber por qué ocurre en una determinada situación y no sucede en otra exactamente igual.

Las Virtudes son, también, el coro angélico que infunde el coraje a los humanos. Están asociados, por eso, a los héroes y a todas aquellas personas que luchan por el bien. Son los que asistieron a todos los mártires de la religión. Santa Cecilia, por ejemplo, integraba una familia de muy ilustres nobles de su época, los Metelos. Amaba los cánticos sagrados y los interpretaba maravillosamente en señal de alabanza a Dios. Era poco más que una adolescente cuando decidió ofrendar su virginidad al Señor, pero sin embargo, fue obligada por su familia a casarse con un pagano llamado Valeriano. Lo hizo, pero le dijo a su flamante esposo que ella tenía un ángel que cuidaba su virtud y la ayudaba a cumplir la promesa. Valeriano se rió de la historia y, siendo un hombre por completo descreído, la desafió con tono de burla a que le haga conocer a ese ángel. El ángel, en efecto, se les apareció en el acto ante la sorpresa del hombre, que se convirtió al cristianismo después de aquello. Era el año 176 de nuestra era y las autoridades romanas no eran precisamente felices con el avance de la religión de Cristo y las conversiones. Para demostrar su enojo mandaron martirizar a la pareja. Ambos murieron y la joven Cecilia, atada a una monstruosa parrilla candente que la abrasaba sin piedad, siguió entonando con valentía sus cánticos sagrados hasta el último aliento.

Hay miles de casos similares y es siempre un ángel el que acude en esos momentos para brindar coraje. Pertenecen, de acuerdo a esta clasificación, al coro de las Virtudes. No sólo irrumpen ante los mártires sino ante todo aquel que haya luchado por el bien y requiera más coraje del habitual para mantener sus ideas. El padre Maximiliano Kolbe, cuya historia aparece en mi librito anterior ("Curas sanadores", 1993) se ofreció en 1941 a un oficial nazi del campo de concentración de Auschwitz, donde estaba prisionero, para ocupar el lugar de un hombre de religión judía que había sido elegido junto a otros para morir en lo que llamaban, precisamente, "el sótano de la muerte". El hombre elegido, Gajownieczec, tenía mujer e hijos y el padre Kolbe, por entonces de 47 años, dio un paso al frente y solicitó ocupar su lugar. El oficial nazi, con sorna, aceptó el cambio. El padre Kolbe murió en aquel sótano infecto, sin comida ni agua, rezando y entonando cánticos religiosos, tres semanas más tarde cuando sus guardias se cansaron de esperar que falleciera y le aplicaron una inyección de ácido fénico. Treinta años después, en 1971, fue beatificado por el Papa Paulo VI. Tiempo después sería canonizado. En ambas ceremonias estuvo presente Gajownieczek, el hombre al que le salvó la vida, ahora un anciano acompañado por toda su familia que lloraba de amor. Otra vez el coraje, algo que posiblemente sea un pariente muy cercano al milagro. No es una casualidad que a los integrantes del coro de las Virtudes se los llame "los Resplandecientes". El coraje lo es. Es pura luz.

El escritor francés de fines del siglo pasado y principios de éste, León Bloy, fue un apasionado católico que enfrentó al racionalismo, que era moda por entonces, con una fiereza difícil de superar. Una lectora hermana —María del Rosario Lorenzo Suárez de Viola, de Villa Ballester— me refresca, con un cariño con el que me invita a seguir, una frase de Bloy que nos viene de perillas: "La rectitud de espíritu, la humildad, la pureza, la esperanza, la fe, la caridad misma, son insípidas si no se mezcla con ellas un grano de heroísmo". Los que siguen también tienen que ver con el coraje.

SEXTO CORO: LAS POTESTADES

También se les da el nombre de Poderes y vaya si los tienen. En esta clasificación se dice que habitan una zo-

El ángel

na ya peligrosa porque es la intermedia entre los Cielos y la Tierra. Su función sería algo así como la de gendarmes divinos, que cuidan la frontera espiritual que separa (o une, eso depende) a los unos de la otra. Se supone que son los más expuestos ante el enemigo igualmente angélico pero satánico, ya que con él están disputando un "territorio" crucial. En el cristianismo es el alma humana el campo de batalla entre el bien y el mal, siendo allí donde las Potestades no tienen descanso y a veces, lamentablemente, son vencidas con una cierta ayudita que ponemos los hombres. No es difícil entender que así ocurra. Las Potestades ofrecen todas las glorias del espíritu, pero el enemigo que enfrentan tiene cosas aparentemente más jugosas y al alcance de la mano para ofertar: vanidades, deseos de poder, placeres sexuales, ambiciones desmedidas, dinero como sea, un egoísmo asqueante, sálvese quien pueda y si soy yo mejor, corrupción y todos los etcéteras que puedan imaginar. Las fuerzas malignas nos pagan en efectivo, dejándonos palpar los billetes en el momento; las Potestades que luchan contra ellas nos pagan con tarjeta de crédito y hay que esperar un tiempo para cobrar, además de pagar el interés que significa a menudo seguir teniendo fe mientras, a nuestro alrededor, pareciera que les va mejor a los que ni siquiera saben bien qué es la fe. El detalle es que el efectivo es generalmente en billetes falsos, pero uno se da cuenta de eso cuando ya aceptó ese pago. Como las piezas más preciadas para las fuerzas del mal son aquellas más cercanas a Dios en lo que hace a su devoción, no es una casualidad que este coro angélico, las Potestades, esté de manera especial al servicio de los sacerdotes. Son hombres y, como tales, son imperfectos y necesitan coraje extra. Cuando algunos olvidan lo que representan lo mejor es olvidarlos a ellos, no sirven. Expulsarlos de la Iglesia sería lo más sano, para evitar que sigan dañándola. Los curas que valen, aquellos que honran el nombre de "padres" que nosotros les damos,

97

son demasiado heroicos como para merecer estar en la misma bolsa que los despreciables con sotana.

—*¿No se te va la mano?*

Ah, allí estás.

—*Siempre estoy aquí.*

No, no creo que se me vaya la mano. Hasta la Virgen, en varias apariciones incluyendo la de Fátima, alerta sobre los malos sacerdotes y advierte que el verdadero enemigo está en nuestras filas. De la misma manera en que amo profundamente a los buenos curas, detesto a los que son traidores por negligencia o, directamente, por mala fe.

—*Está bien, está bien, no te des máquina. Seguí con lo tuyo, por favor... Cuando se te sube la sangre gallega sos una cosa seria.*

Después de todo el Apocalipsis de San Juan es muy clarito cuando dice: "porque eres tibio, ni frío ni caliente, estoy a punto de vomitarte de mi boca". Jesús amaba mucho al apóstol Santiago, al que llamaba con cariño y con gracia "Hijo del Trueno" debido a que el mártir de Compostela era, dicho con todo respeto, un calentón cuando se trataba de cosas de la fe. Siempre lo admiré por eso.

—*Te pido humildemente que no te pases de la línea.*

Te prometo humildemente hacerte caso. O intentarlo, al menos.

—*Intentarlo no basta. Hay que cumplir. Te recuerdo que el camino al infierno está empedrado de buenas intenciones...*

No te vayas a ofender, ¿no? Pero no sos un angelito demasiado original que digamos. Te gustan las frases hechas, los proverbios, los refranes.

—*Me gustan, sí. Soy muy amigo del ángel de Don Miguel de Cervantes Saavedra, que usa mucho esas cosas y algunas se me pegaron.*

¿Sos amigo del ángel de Cervantes? ¿En serio? Juramelo.

—*Yo no juro nunca, yo digo. Y sí, en serio. ¿Qué tiene de raro eso?*

Bueno, supongo que para vos es normal pero ¿cómo decirte?... Me halaga que seas amigo del ángel de alguien tan importante en la literatura. Sin ánimo de agrande, claro, ¿le contaste que Dios te había enviado a ser el ángel de un autor, también? Salvando las distancias, por supuesto.

—*Sí, se lo conté.*

No es que me importe mucho, vos entendés, pero ¿qué te dijo?

—*Me contestó con una de las frases del Quijote. Me dijo "y bueno, el ángel propone y Dios dispone"...*

Lindos amigos tenés vos. Además el refrán del Quijote no habla del ángel. Dice: "El hombre propone y Dios dispone".

—*Es una traducción para nosotros.*

Muy gracioso. ¿Y qué otros ángeles son amigos tuyos?

—*Muchos, muchísimos. Hay algunos más cercanos. Manolito, por ejemplo.*

¿El ángel de mi querido monseñor Roque Puyelli? Eso sí que me alegra. Ahí tenés: Roque es un pozo de sabiduría y no necesita andar diciendo frases hechas, las crea él. Como es el mayor experto en ustedes en todo el país, recuerdo que un día le pregunté por qué los ángeles parecían estar más cerca de los chiquitos y él me contestó sin refranes, creando uno quizá: "No es que los ángeles estén más cerca de los chicos, lo que ocurre es que son los chicos los que están más cerca de los ángeles".

—*Toda esta charla para hablar del caso de Gastón ¿no es cierto?*

No es cierto. O sí es cierto, no lo sé. Pero, está bien, quiero hablar del caso de Gastón. Después terminaré con los tres coros que quedan, incluyendo al tuyo, el de los Angeles de la Guarda. Ahora vamos con lo de Gastón, con toda la ternura y el asombro que encierra ese hecho actual. Preferiría que no te metieras. Dejame solito con el grabador.

—*El buey solo, bien se lame. Es del Quijote, también. Vamos, lucite.*

Del dicho al hecho hay un gran trecho. También es del Quijote. La historia es apasionante, ojalá sepa contarla.

—*Otra del Quijote para darte ánimo: "no hay libro tan malo que no tenga algo bueno"...*

Te agradezco. Sos una fiera dando aliento. Ahí vamos.

SEIS

Relatos conmovedores

(Testimonios de hoy)

La primera parte del relato que leerán a continuación parece una historia de terror fruto de la imaginación de Stephen King. Lo que la hace más impresionante es que ocurrió en la realidad. La segunda parte, las experiencias de un casi bebé que es un gigante en sensaciones, es la realmente hermosa, llena de asombros y —sobre todo— de misterios.

La pregunta es protocolar y obligada en cada entrevista:

—Lo que vamos a registrar ahora en el grabador tal vez sea usado para publicarlo ¿tenés algún inconveniente?

—Por supuesto que no. Es algo que se debe saber porque hay muchas personas que no creen, pero yo lo estoy viviendo. Yo antes no creía, no creía. Hasta que me sucedió a mí...

Es un mediodía de febrero de 1994 con sol restallante en Mar del Plata, donde estamos. A través de los ventanales nos llega generosamente la imagen del mar, con todo su misterio. Aquí hay otros misterios.

MIRIAM ISABEL SANTANGELO DE MARQUEZ tiene 29 años, es muy bonita, sencilla, tranquila. Vive en Mar del Plata y eso puede advertirse a simple vista: está coquetamente maquillada a esa hora, se viste con sobriedad y no muestra un bronceado de arrebato. Ninguna turista se maquilla a mediodía, casi todas lucen ropas con las que jamás se pasearían en sus lugares de origen y todas portan en su piel lamparones color langostino o envidiables tonos amarronados cuando ya hace un tiempito que están. Miriam vive en la zona del puerto, está casada y tiene dos hijos chiquitos. El mayor, Gastón, tiene tres años y medio en el momento de esta charla. Y ya es protagonista de lo maravilloso.

—Contame cómo empieza la historia de Gastón, tu hijo.

—Bueno. Cuando Gastoncito estaba en mi panza, cuando estaba embarazada de él de tres meses, vivíamos en Bahía Blanca. Una noche soñé algo que sentía muy real: dos nenes traspasaban la puerta de mi casa...

—Está bien, pero eso era un sueño, simplemente.

—Sí, un sueño. Eran una nena y un nene que me pedían que por favor los ayudara porque yo en mi vientre llevaba un chico especial, un varón. Me tomaban de la mano y me llevaron por distintos lugares de la casa para mostrarme cómo allí había ocurrido un asesinato, el de sus padres y el de ellos. Todo eso era una pesadilla, pero en los días que siguieron yo averigüé en varios lugares y me enteré de que realmente en esa casa donde vivíamos había habido hacía años un crimen espantoso. Era cierto que habían matado a los padres y que a los dos hijitos no los habían encontrado nunca...

—Esto ya es muy fuerte... ¿Qué te mostraron los chicos en el sueño?

—Todo lo que había sucedido. Y me pedían llorando que los ayudara.

—Pero, ¿qué viste? ¿qué te mostraron?

—La familia estaba en el living y de repente entraba una persona, un hombre todo vestido de negro al que no se le podía ver el rostro. Atacó al padre y a la madre de esa familia y los apuñaló. Los chicos corrieron y se encerraron en una habitación.

El ángel

—¿Y eso había ocurrido realmente?

—La mayoría de la gente del barrio no quería hablar mucho del tema cuando les preguntaba, pero terminaron diciendo que había ocurrido y que, desde entonces, unos diez años atrás, varias familias se habían mudado a esa casa pero ninguna duró mucho. Se iban enseguida sin dar a nadie ninguna explicación. Algunos solamente dijeron que "no podían estar en esa casa", sin agregar nada más.

—Volvamos al sueño...

—Sí... En esa pesadilla los chicos me mostraban todo tal como había sucedido. Incluso me llevaron a un patio donde había un triciclo, un triciclo medio oxidado que estaba ya allí cuando alquilamos y que el varoncito me decía que había sido de él. Nunca pude averiguar el apellido de esa gente, sólo supe que se trataba de una familia chilena.

—¿Qué pasó después?

—Se repitió el sueño, pero ahora aparecía yo en él, me veía a mí misma en medio de esa tragedia. Cuando el asesino ataca a los padres, yo tomaba de la mano a los dos chicos y corría con ellos hasta una iglesia donde me encontraba con unas monjitas. Ellas me decían en el sueño que les dejara a los nenes y que me acercara al altar. Me llegué al altar y había un cura de espaldas. Tampoco podía verle la cara, pero me entrega una daga que tenía una cruz en la punta y me dice que yo soy quien tiene que vencer al asesino para que esos chicos queden libres. Enseguida me vi a mí misma forcejeando con el hombre, otra vez en la casa. La pesadilla era terrible. De repente logro clavarle la daga y se sintió un grito al mismo tiempo que se desintegraba... Ahí fue cuando las monjitas se acercaron con los chicos y la nena me dijo que bendiga ese vientre, el mío, porque iba a nacer de él un varón muy especial. Yo, en aquel entonces, no sabía que era un varón. La nena me dio un beso en la panza y fue en ese momento cuando

105

me desperté. Estaba agitada, muy cansada, como si hubiese forcejeado con alguien en la realidad, me dolían mucho los brazos y el cuerpo... Desde entonces todo estuvo tranquilo en la casa y el sueño no se repitió. Investigué como pude y así fue como me enteré que allí había ocurrido un hecho como el que había soñado. Pasó el tiempo sin novedades y nos mudamos aquí, a Mar del Plata.

—Y nace Gastón...

—Sí. Gastoncito, cuando nació, era un chico normal hasta que cumplió un año y medio y empecé a notar cosas que me sorprendían. Me hablaba de un amiguito con el que jugaba y al que nadie más podía ver. Me dijo que se llamaba Agustín...

—Miriam, muchos chicos cuentan cosas similares. Se dice que hablan con su amiguito imaginario, alguien creado por ellos mismos...

—Sí, ya sé, pero esto iba más allá. Un día Gastoncito me dice: "Mamá, va a venir José..." Y la tenía con que iba a venir José. Yo no conocía a nadie con ese nombre, pero unos días más tarde vino un vecino para saludar porque nosotros éramos nuevos en el barrio y, cuando se presenta, me dice que se llama José. Yo no le dije nada, pero me quedé helada... Lo mismo pasó cuando el nene me dijo: "Mamá, vas a ir a ver a Fabián...". ¿Quién es Fabián?, me preguntaba yo. Un día tengo dolor de muelas y voy a un dentista que yo no conocía. Se llamaba Fabián. Cuando volví, Gastón me dijo: "¿Viste que ibas a ver a Fabián?"... Y así se repitió varias veces. Ya a mí me estaba poniendo nerviosa todo eso...

—¿Hubo otros hechos fuera de lo común?

—Muchos. Mi abuela Rosa falleció hace dos años, cuando el nene tenía alrededor de un año y medio de edad. No debería recordarla. Pero me dice con total naturalidad: "Vino a verme la abuela Rosa. Viene siempre a verme. Está en el patio". Cuando le pregunto si le dice algo, él me contesta: "Dice que no te pongas triste, que ella está muy bien". Y a mí es como que se me aflojan las piernas...

—¿El te dice que la ve, que habla con ella?

—Todo el tiempo. Yo, al principio, creía que eran cosas de su imaginación, pero pasaron cosas que no puedo explicar. Un día, tan campante, me dijo: "Mamá, la abuela Rosa me dijo que tenés que llevarme al médico porque me voy a enfermar". En ese momento estaba perfecto, pero a la semana cayó con anginas nomás.

—¿Vos le preguntás cómo es la abuela?, ¿cómo la describe?

—Tal cual era, con los anteojos, igual. Después le mostré una foto y me dijo: "Esa es la abuela Rosa". Y era. Aparte de eso a Jesús, sin haber visto nunca ninguna estampa ni nada, me lo describió como era. Me dice: "Mamá, tiene pelo largo y...".

—Pará, pará. Vayamos por partes. ¿Qué es eso de que ve a Jesús? No me habías dicho nada todavía...

—El nene me dice que la abuela está en el Cielo con Jesús, rodeada de florcitas, que está muy bien y que nosotros tenemos que quedarnos bien porque ella quiere que así sea, que no suframos. Y él la ve acá todo el tiempo. Un día salíamos de casa y él le dice a mi papá, riéndose: "Abuelo, la abuela Rosa quiere subir al auto, está loca". Mi papá lo miraba y medio como que no entendía nada...

—Me imagino, no es fácil entender. ¿Cómo es lo de Jesús?

—Para empezar, él reza el Padre Nuestro desde hace rato. Lo extraño es que nadie se lo enseñó nunca, nadie, nadie... Yo fui a colegio católico pero ni a mí ni a ninguno de la familia se le ocurrió enseñarle esa oración siendo tan chiquito. Ahora tiene tres años y medio y hace rato que la reza, no sabemos cómo... Hace apenas tres días se fue a dormir la siesta y, cuando se despertó, me dijo: "Mamá, estuvo Jesús conmigo y me curó esa picadura de mosquito que tenía". Yo le pregunté cómo, si lo había tocado. "No, El no me tocó porque estaba arriba. Estaba arriba y me miraba. Me dijo que iba a volver"... Habla mucho del Cielo. Y ya, desde hace un tiempo, cuenta que tiene otro amiguito que se llama Martín. Uno nuevo. Me dice que es un nene de cinco años. Me dice, también, que es un angelito. Nadie le explicó nunca qué es un ángel, pero cuando lo hemos llevado a la iglesia, los señaló entre todas las demás imágenes sin equivocarse y me dijo, todo contento: "¿Ves? Ese es un angelito, como Martín"...

—¿Cómo es el carácter de Gastón?

—Muy tranquilo, muy lleno de paz hasta el punto de darle paz a los que están cerca. Nunca fue agresivo, todo lo contrario. Detesta la violencia y hasta se pone mal si alguien habla en voz muy alta. Cuando yo me enojo por algo con su hermanito, que tiene un año y medio, él me frena y me dice: "Mamá, no le grites, es un bebé". A su hermanito lo lleva frente al televisor cuando los domingos transmiten la misa y le dice: "Vení, vení, vamos a ver a Jesús"...

—¿Tuvo algún tipo de educación religiosa, algún familiar que le hablara de esos temas?

—Para nada. La verdad es que ni siquiera vamos a misa todos los domingos, aunque somos católicos, sí. Pero nunca se habló en la casa de temas religiosos ni cosas así. Es él el que me pide ir a la iglesia y se queda mirando con mucho amor la imagen de Jesús... Hace sólo dos días pasó por casa una peregrinación que llevaba la imagen de la Virgen de Lourdes a su gruta de aquí, en Mar del Plata. Gastoncito me pidió por favor que lo llevara. Yo fui por hacerle caso pero era un mundo de gente y pensé que no podríamos ni acercarnos pero, sin darme cuenta, estábamos de pronto justo detrás de la imagen de la Virgen. En la gruta todos empezaron a rezar el Ave María y yo, sin entender nada, vi y oí como el nene lo rezaba tal cual es. Igual que con el Padre Nuestro, nunca nadie le había enseñado esa oración... Yo sé que es raro que un chico de tres años no pida ir a una plaza y me pida que lo lleve a una iglesia, pero es así, no sé por qué. Lo disfruta. Y se arrodilla y reza y le habla a Jesús como si estuviera haciéndolo con una persona.

—¿Cómo describe él al Jesús que cuenta ver?

—Me dice que es así, como en las imágenes, que tiene el pelo largo y que tiene "el corazoncito", como dice él. Se toca el pecho y dice: "Tiene el corazoncito". Yo jamás le hablé de Jesús ni nada de eso. Nadie lo hizo nunca... Pero hay más cosas que no tienen explicación. En octubre pasado me dijo que un amigo nuestro, al que no veíamos desde hacía un tiempo, había fallecido. Y nosotros no sabíamos nada.

—Pero ¿cómo te lo dijo?

—Me dijo: "Mamá, Carlos está ahora jugando conmigo, también, porque se fue al Cielo"... Carlos era un amigo nuestro, de unos cuarenta años, que le había regalado un autito cuando era chico y al que él conocía. Cuando me dijo eso, una vez más pensé que imaginaba cosas, pero no. Al tiempo me entero que justamente cuando el nene me dijo aquello, Carlos había fallecido... Tiene muchas de esas cosas. Puede pasar algunas semanas sin nada en especial, pero después vuelve a contar las cosas que ve y las que siente. Siempre es un nene, pero no actúa como un nene de tres años y medio. A veces parece mayor por las palabras que dice, cómo habla, cómo se expresa. Muchas veces, también, me dice que quiere estar solo. "Yo necesito estar solo, dejame solo", me dice. Y tengo que dejarlo.

—¿Tenés idea de lo que hace al quedarse solito?

—Solamente algunas pocas veces pude espiar un poquito por temor a dejarlo solo y que pueda hacerse daño con algo. Y lo vi hablando en voz muy baja con alguien, escuchando lo que parece que le dijeran y contestando. Tiene una charla con alguien a quien yo no veo ni oigo, pero él sí, porque gesticula y le dice cosas. No alcancé nunca a escuchar qué cosas... Después de eso es cuando suele decirme que estuvo hablando con Jesús...

—¿Qué le dice Jesús a él?

—Un día yo estaba un poco deprimida y dije en voz alta: "Ay, hijo ¿cuándo se van a terminar todos estos problemas?", sobre todo refiriéndome a la gente que estamos mal, luchando tanto. Pero lo dije como dice uno esas cosas, preguntándolas al aire. Y Gastón me contestó. "Mirá, mamá, Jesús me dijo que cuando le prendamos muchas velitas El va a venir y se van a terminar todos los problemas, todo lo feo"...

—Se me ocurre que "encender muchas velitas" es como un símbolo. Se trata de mucho más que el acto en sí de alumbrar una vela...

—Seguro. Lo que yo entendí es que eso significaba "cuando aprendamos a tener fe", cuando recemos, cuando nos volquemos a El.

—Y eso te lo dijo a los tres años de edad...

—No sólo es lo que dice sino también lo que hace... Desde que empezó todo él come muy poquito, por ejemplo. Más vale, ayuna.

—¿Ayuna?

—Sí. Yo me pregunté muchas veces cómo puede ser que viva solamente de agua, de pan y comer prácticamente nada. "Yo estoy bien así, mamá", me dice. Lo llevé a hacer análisis de sangre y a que lo revisaran, pero todos los médicos me han dicho: "Señora, este es un chico sano, normal".

—Miriam ¿vos hablaste de estas cosas con algún cura, un médico, un sicólogo, alguien?

—Más que nada con mi mamá. La verdad es que no es fácil contarle todo esto a alguna persona porque nos pueden tomar por lunáticos (ríe) y yo lo entiendo. No nos creerían. La mayoría no nos creería. Más allá de mi familia usted es la primera persona a la que le cuento todo esto.

—Te lo agradezco. Podés estar segura de que te entiendo y respeto todo lo que me contás. Al salir publicado va a enterarse mucha gente, eso sí.

—Sí, ya lo sé. Quería contárselo a alguien en quien confiara para que lo pueda transmitir a los demás. Pienso que tienen que saberlo todos porque estamos ignorando que estas cosas existan y sin embargo existen. Y eso es por algo. Tal vez él haya nacido con un don que yo no puedo entender, pero lo que sé es que no hay que quitárselo.

—Miriam ¿Agustín y Martín, los angelitos de los que habla Gastón, le dicen algo?

—Juegan. Juegan con él todo el tiempo y le dicen que se tienen que ir cada vez que aparezco yo o alguna otra persona. También sé que le dicen otras cosas, pero él no me las cuenta. Un día le pregunté cómo había aprendido el Padre Nuestro y Gastón me dijo: "Lo sé. No puedo decirte cómo pero lo sé"...

¿Por qué Gastón no puede —o no debe— decir cosas que, tal vez, le sean dadas debido a su pureza? Es el misterio, otra vez. No el de las novelas de suspenso o el de las películas de Hitchcock, esos siempre tienen una explicación en el final. Este es el misterio divino, el que sólo muestra algunas puntas, destellos a veces, flashes que iluminan por un segundo toda la escena para luego dejarnos enceguecidos por un rato.

Hay casos en los que suceden una única vez y marcan a la persona para siempre, sin que entiendan, pero gozando de esa caricia de Dios.

Martín Francisco Alvárez es pastor evangélico y profesor de teología que tiene a su cargo seis cátedras en su especialidad. Un hombre joven, serio, inteligente, obviamente apasionado por la fe, padre de seis hijos, vecino de la localidad de Florencio Varela y obispo auxiliar de la Comunidad Cristiana Misionera. Vivió uno de aquellos flashes. El mismo lo cuenta:

"El 7 de febrero de 1991 yo debía asistir a una reunión de pastores. Iba hacia allí en bicicleta, por la avenida Presidente Illia, que antes se llamaba Paso de la Patria, en Florencio Varela, a eso de las cinco y veinte de la tarde. El motivo de esas reuniones mensuales es ganar más gente para Jesucristo, que es nuestro objetivo principal. Yo pedaleaba por aquella avenida cuando, a la altura del 1300, venía en dirección contraria a la mía un ómnibus de la línea 500, a bastante velocidad. Recuerdo que yo iba pensando en otros pastores con los que me había encontrado y me habían dado una gran alegría, le estaba agradeciendo a Dios aquel encuentro y casi ni presté atención al micro. Cuando lo tenía a unos cuantos metros de pronto se rompe el tornillo que va desde el manubrio hasta la horquilla de la bicicleta. Me quedé sin poder controlarla. La bicicleta, pícara, no se va hacia la banquina sino que enfila directamente hacia la mano contraria por la que venía el ómnibus. Y caigo en medio de su camino, exactamente enfrente, con una pierna debajo de la bici como quedó San Martín con su caballo en la batalla de San Lorenzo. El chofer del micro clava los frenos a fondo cuando me vé a unos siete metros de él y el impacto era irreversible. A pesar de que actuó muy rápidamente, el vehículo siguió resbalando con mucha velocidad por el barro y yo lo veía que se me venía encima. En un instante calculé que una rueda me pasaría sobre mi pierna derecha y el paragolpes me iba a dar sobre la frente. Yo llevaba una bolsita de esas de la feria, tipo rejilla, donde llevaba libros y revistas y, también, mi Biblia. Recuerdo que pensé —todo en fracciones de segundo— 'qué pena que se me van a embarrar estas revistitas que son para los pastores y mi Biblia, que se me va a estropear'. Es muy curioso lo que a uno le pasa por la cabeza en un momento así. Y tan rápido. Todo esto que te cuento me cruzaba la mente de manera natural, sin pensar en que aquella mole que tenía a unos cinco metros y avanzaba hacia mí, caído, iba a matarme. Levanté la vista para esperar el golpe del micro y vi claramente a un ángel, muy cerquita mío, que extendía sus manos con las palmas apuntando al paragolpes del ómnibus, con una clara intención de detenerlo."

—¿Cómo era? ¿Lo veías como algo físico, palpable?

"Tenía la estatura de una persona normal. Las alas del ángel eran grandes, llegaban hasta la altura del techo del micro. Era blanco, blanco, blanco. Tan blanco que parecía transparente. Yo siempre había imaginado a los ángeles con el pelo largo pero éste tenía el cabello corto y su cabeza también era de una blancura impresionante. Yo lo veía como si fuera una persona, pero con esa transparencia de la que te hablo. Las alas le salían de las vestiduras y parecían formar parte de ellas. No eran plumas, era como un género lustroso. No era resplandeciente, era todo blanquísimo. Giró la cabeza mirándome a mí, que estaba en el suelo, y detuvo al micro. Le puso las dos manos en el frente en una posición de fuerza y lo paró en seco. Yo escuché que los hombres de un corralón que estaba exactamente a esa altura, a pocos metros, gritaban: '¡Lo mató! ¡Lo mató!'. Es que, si no hubiera ocurrido aquello no había ninguna duda: me destrozaba. Pero no. El micro se detuvo bruscamente y el paragolpes quedó a dieciocho o veinte centímetros de mi cabeza, no más. Me hubiera dado exactamente en la frente, tal como yo había calculado sin poder hacer nada por mí mismo para evitarlo."

—¿Hablaste con el chofer, después? ¿Te dijo cómo se frenó el micro?

"Sí, hablé. Pobrecito, temblaba. Tuvieron que hacerlo sentar y traerle del corralón un vaso de agua porque no paraba de temblar. 'Yo no sé cómo se frenó' era lo único que repetía, 'yo no sé cómo se frenó'."

—¿Tenés una explicación para lo que te ocurrió?

"Racionalmente, no, ninguna. Pero, por supuesto, sí la tengo desde la fe. Lo que quisiera que quede en claro es que nosotros debemos pedirle al Padre, en el nombre de Jesús, y el ángel te va a guardar. Tenemos una canción que dice (la entona): 'Ni en el Cielo ni el la tierra, ni debajo de la tierra, hay otro nombre como el de Jesús...' y después sigue. Se debe amar al ángel, pero no se puede adorar a otro ser más que a Jesucristo. El ángel viene en su nombre. En mi caso ha sido tangible. A pesar de que no lo toqué, es muy tangible porque lo pude ver y a veces el ver es lo mismo que tocar. Dios dice que busquemos su rostro y El va a hacer todo lo posible para que nada malo nos acontezca. Nos hizo un poco inferiores a los ángeles pero, así y todo, nos los puso a ellos —que son superiores a nosotros— para que estén a nuestro servicio."

Algo ocurrió.

Uno de mis mayores orgullos es no ocultarles nada a ustedes, lectores, abriendo mi alma por completo cada vez que estoy frente al teclado. No hay otra manera de llegar con toda la fuerza a concretar esta casi mágica comunión que existe entre el autor y el lector. Desde hace cuatro libritos atrás conservo un papel medio ajado que escribí a mano, con letra de imprenta y signos de admiración, cuando me senté a comenzar "Más allá de la vida II. La gran esperanza". Dice: "¡Sinceridad ante todo! Aun cuando eso me perjudique a mí mismo". Lo coloco desde entonces siempre junto a mí, al iniciar cada libro, y allí lo dejo, hasta el final, para que me refresque esa idea. Cumplir con ella es una obligación hacia ustedes y hacia mí mismo. Lo que sigue fue desgarrador en lo personal, pero no debo ocultarlo.

Estaba trabajando en estas páginas cuando algo ocurrió.

Algo desesperante que necesito contarles.

SIETE

Crisis de fe

Acabo de sentarme a escribir después de varios días de no hacerlo. Creo que me va a costar mucho. Pasó algo salvaje que borroneó dentro mío la belleza de este tema. No sé cómo voy a continuar con el librito y hasta llegué a pensar en abandonarlo. Pero algo me empuja a teclear estas líneas, aunque tenga la mente en otra parte. Leo los últimos párrafos del capítulo anterior para retomar el hilo.

—*Una historia preciosa la de Gastón. Y más habitual de lo que vos creés.*

Gastoncito dice que "sabe" cómo había aprendido el Padre Nuestro pero que no puede decirlo. ¿Por qué?

—*Es una de las maravillas de ser el ángel de un chiquito. Ellos son muy discretos y sólo cuentan algunas cosas. No es como ser el guardián de un periodista que, además, quiere saber todo y contarlo.*

¿Te estás quejando? ¿No estás feliz de trabajar para mí? ¿Qué pasa? ¿Pensás pedirme aumento?

—*No me quejo, te amo como sos y me hace feliz que te desesperes por llevarle esperanzas a los demás. Pero sí: estaba pensando en pedirte aumento. Un aumento de fe. En estos días te sentí conflictuado.*

Es cierto. En estos días (fines de julio del '94) me preguntaba por qué hay tanto mal suelto por ahí. Ade-

117

más de la situación mundial, me golpeó muy duro el atentado a la AMIA de Buenos Aires. Esa masacre infame de inocentes me mareó. Vos sabés que estuve casi una semana sin poder escribir. Y con el alma arrugada, preguntándome cómo seguir hablando del amor, la fe y la esperanza después de ver que el hombre es capaz de algo así. El lúcido filósofo argentino Jaime Barylko escribió una nota desgarradora en la revista "Gente", donde decía que aquel día terrible "el ángel se había demorado". No sé si llego a tener una crisis de fe, pero sí tengo mil conflictos dentro mío que rebotan en las paredes del alma sin encontrar una salida. ¿Dónde estaba el ángel esa mañana negra, Mariano? ¿Se había demorado, como dice el profesor Barylko?

—*No, gallego. Estaban allí. Algunos protegiendo y salvando como podían a los que sobrevivieron, otros acompañándolos a la Eternidad, a que vean a Dios cara a cara y para siempre. Estás muy triste...*

Sí, estoy muy triste. ¿Dios no puede evitar cosas como esa?

—*Ese espanto no fue obra de Dios sino de los hombres. Y El no debe evitarlo. El libre albedrío que nos dio como un don, la libertad, también incluye que algunos elijan el mal. Si Dios se los impidiera, ni ellos ni nadie sería libre, ya lo hemos hablado. Ni siquiera quebró su divina promesa cuando en la tierra torturaron y asesinaron a su propio Hijo, tu amado Jesús. No pretendas medir con la vara humana lo que sólo puede medirse con la vara de Dios, que nada tiene que ver con la de ustedes. No quieras ir más allá de tus fuerzas, no busques respuestas con tu medida humana, no las vas a encontrar. Los que han muerto están ahora junto al Creador, te lo aseguro, te lo asegura tu fe.*

¿Y los que quedaron? ¿Los padres, los hermanos, los amigos, aquellos que los amaban? ¿Qué se les puede explicar?

—*Se les puede dar. Ese amor, esa esperanza y esa fe que siempre defendiste.*

Chocaron contra la pantalla del televisor y contra las primeras planas de los diarios. Están malheridas, te confieso.

—*Pero se van a reponer. Además no se trata de vos. Con inmenso amor quiero que entiendas que vos no sos aquí lo importante sino el que está leyendo este libro. Sin esa persona que ahora lo tiene en sus manos, lo tuyo no tendría ningún sentido. ¿Sos capaz de fallarle cuando espera que mantengas tu fortaleza para poder contagiársela?*

Ya les dije que me impuse, desde siempre, ser totalmente sincero con ellos y conmigo, desnudar lo que siento aunque duela o me perjudique. Saben que soy humano y que puedo flaquear. Todos lo hacen, a veces. Cualquier persona, los sacerdotes, hasta los santos han tenido sus crisis. El mismo Pedro negó por tres veces a Jesús antes de que cantara el gallo, tal como Cristo se lo había anticipado.

—*Y después se arrepintió. Y lloró. Y fue perdonado porque era humano, tanto como vos. Si nosotros mismos hemos podido caer, siendo ángeles, no es extraño que ustedes tengan momentos de crisis. Pero allí está la fe, que te renueva el alma. No quieras entender a las cosas tremendas con la razón, que es limitada, sino con la fe, que no tiene ningún límite.*

¿Qué se puede hacer? ¿Qué se debe hacer?

—*"Encender muchas velitas", aprender a tener fe, volcarnos a Dios confiando en El. Ya te lo dijo Gastoncito. Tenés que hacerle caso.*

Pero si tiene solamente cuatro años...

—*Por eso. Justamente por eso tenés que hacerle caso.*

Poco después de haber escrito lo anterior la cachetada al alma me llegó como lo merecía, con toda la fuerza.

El lunes 18 de julio de 1994 Romina Bolán, de 19 años de edad, había ido a anotarse como alumna a la Facultad de Ciencias Económicas. Cumplió con todos los trámites por la mañana y salió de allí con el orgullo de quien consigue un logro después de muchos esfuerzos de mamá, papá, toda la familia, ella misma. Caminaba por la calle Pasteur al 600 cuando, a las nueve y cincuenta y tres de esa feroz mañana, nació el espanto. El edificio de la Asociación Mutual Israelí Argentina estalló por un atentado derrumbándose en sus siete pisos y desparramando la muerte a su alrededor. Romina Bolán murió. El único motivo fue haber elegido esa calle a esa hora, como muchos en el casi centenar de muertos que cambiaron hasta el estilo de vida de los argentinos.

El miércoles su mamá, Amelia, salía al aire por radio Continental con mi querido amigo el periodista Jorge Jacobson, en el programa "Tiempos modernos" que conduce junto a otro dueño de mis afectos, Oscar Gómez Castañón. Amelia no aceptó otras entrevistas y eligió hablar solamente con Jacobson para decir lo suyo. No se equivocaba, Jorge tiene una sensibilidad profunda y cierta, sin camelos.

Es muy doloroso escuchar ahora esa charla desde el grabador. Transcribo literalmente algunos párrafos de esa conversación en la que Amelia tenía necesidad de decir lo suyo aun con la voz llena de llanto.

—Jacobson, mire, quise hablar con usted por la profunda admiración y el profundo cariño que le tengo... Mi dolor se lo quise expresar a usted, quise hablar con usted... Romina Bolán, mi hija, 19 años, iba a inscribirse a la Facultad de Ciencias Económicas. Iba llena de ilusiones porque había rendido con nueve, iba por esa calle tranquila, contenta, iba al banco porque hacía un mes que trabajaba allí y estaba contenta porque había conseguido un puesto hermoso que le permitía seguir estudiando. Todos... no lo digo yo, lo dice la gente, que era muy linda, rubia, de ojos azules, muy buena piba, muy buena piba, y bueno, le tocó... un fierro le atravesó la parte lumbar y me llamaron inmediatamente la gente del Hospital de Clínicas pero no hubo nada que hacer. (su llanto crece, estremece desde el grabador). Jorge, yo quiero agradecer por Radio Continental, a todos los médicos, veinticinco, treinta, todos que vinieron a hablar conmigo... Todos, no faltó uno, todos me vinieron a hablar... (llora desgarradoramente sin dejar de seguir con el relato). Dos veces, dos veces vinieron a rodearme para decirme que estaban luchando por Romina, Jorge...

Jorge tiene la voz quebrada, él está quebrado cuando habla:

—Amelia, me siento tan inútil, tan inútil. Yo... ¿qué le puedo decir?

—No, no, no... ¿usted inútil? Con todo lo que transmite, con todo lo que nos da por la radio con los temas que trata, con tanta claridad con que habla ¿cómo me va a decir usted eso? Todos los oyentes tenemos que agradecerle con admiración lo que hace y...

—¿Le puedo pedir un favor? (la voz de Jorge es densa). Yo sé que le va a hacer bien, pero cuando no quiera hablar más no me hable más...

—No, ya está. Yo quiero agradecer a los doctores que lucharon aunque no se pudo hacer nada porque esa chapa la atravesó, no se pudo hacer nada por mi hija querida, por mi hija llena de ilusiones. Le mando un beso grande Jorge, usted siga en la lucha, siga hablando de todos estos temas, día a día, porque mi hija nos va a ayudar a todos desde el Cielo. (No detiene su llanto y se escucha, también, el de Jorge que intenta contenerlo, aspira con congoja, le falta el aire tanto como las palabras.) Que Dios lo ayude también a usted, mucho...

Jorge saca fuerzas de su profesionalismo, no quiere seguir él con esa charla, no le importa "la primicia" ni ninguna de esas estupideces, su voz parece la de siempre pero no lo es cuando la despide:

—Un abrazo fuerte y un beso grande, Amelia.

Hablé con Jorge dos días después. Me contó que había llorado mucho y que fue muy difícil seguir con el programa. Me dijo que todos lloraban en la radio, en el estudio, en el control, la gente de producción, todos. Era muy fuerte aquello de una madre que, habiendo perdido a su hija de esa forma, llamaba para agradecer a quienes habían ayudado, pedía que se siguiera dándole fe a la gente, imponía que se siga en la lucha por la esperanza y decía que su hija nos va a ayudar a todos desde el Cielo.

Ese mismo día, la hermana de Romina, Karina Bolán, de 23 años, salía al aire en una comunicación telefónica en el programa "Sin vueltas", de Canal 2. El sentido era el mismo y ella estaba más entera. En su charla con la conductora, Lía Salgado, dijo, entre otras cosas, que "Dios necesitaba una flor y por eso había llevado con El a Romina". También diría: "Dios se lleva a los capullos".

Yo no había escuchado ninguno de esos testimonios cuando le preguntaba a Mariano, mi ángel, por qué Dios permitía esas cosas. Mi esposa Rosita me contó conmovida lo de Jorge y lo de "Sin vueltas", programa producido por ella. Me dijo que Karina relató que el día anterior a ese salvaje lunes 18 su hermana Romina, que no podía imaginar su destino de muerte pocas horas más tarde, le pidió a toda la familia que rezaran y fueran a misa. En medio de mi crisis espiritual recuerdo eso. Consigo la grabación de la charla con Jacobson. Es el jueves 21 de julio, el cuarto día desde la tragedia, cuando llamo por teléfono a Karina Bolán, a quien no conocía.

Ni siquiera hubo un saludo previo. Lo primero que escuché desde el otro lado de la línea fue la voz de Karina diciéndome:

—Yo sabía que usted iba a llamar.

Sentí como una piedra en la garganta. La voz de ella era serena y sin tropiezos, no como la mía.

—Karina, más que nada estoy llamando para decirles que las admiro profundamente. La fuerza de fe que ustedes tienen es impresionante.

—Yo no soy de fierro, estamos muy mal, pero lo que ocurrió antes de la muerte de Romina nos da mucha fuerza.

—¿Ella era muy religiosa?

—Fue a colegio religioso como yo, pero usted sabe como son esas cosas. No estábamos tan apegados a la religión. Por eso fue tan curioso que en los últimos tiempos Romina nos pidiera a todos que rezáramos, que fuéramos a misa.

—¿Iba habitualmente?

—Ya le digo, en los últimos tiempos. Después del colegio estuvo algo apartada de la iglesia, pero no hace mucho encontró a un cura en "la Redonda" de Belgrano que la volvió a acercar. Un cura con el que podía hablar y la hacía sentir bien.

—El domingo 17 había ido a misa...

—Sí. Se confesó y comulgó. Nos pidió a todos que rezáramos. No era algo habitual, no era para nada algo habitual... Cuando la veíamos en el cajón tenía una cara de paz total. No era la cara de alguien sin vida.

—Yo les mando todo mi amor, Karina. A toda la familia. Estoy junto a ustedes aunque no nos conozcamos. Voy a rezar por Romina.

—Muchas gracias. Nosotros estamos tranquilos, dentro de todo, y es porque sabemos dónde está.

—Kari, yo tuve un gran conflicto de fe con lo ocurrido. Hasta llegué a pensar en no seguir adelante con el libro que estoy escribiendo. No encontraba respuestas y ustedes me las están dando con su ejemplo. Pienso si no es Romina la que me empujó a este llamado. Estoy escribiendo sobre los ángeles y te pido permiso para reproducir esta charla.

—Si está escribiendo sobre los ángeles Romina no puede faltar en su libro. No puede faltar, se lo aseguro.

Y, como Pedro, me arrepentí por haber negado. Me arrepentí por haber dudado, por preguntar a los gritos lo que se responde con voz serena. Tambaleó mi esperanza, de la que tanto me jacto, sólo por ver cómodamente en casa, desde la pantalla del televisor, un horror indecible. Ellas, que lo estaban viviendo en carne y alma propias, me daban el ejemplo, me llenaban el alma de sopapos para hacerme reaccionar. Me arrepentí, como Pedro. Lloré mucho, como Pedro. Y pedí perdón, como Pedro. Le ruego humildemente a Dios que me lo conceda. Y a ustedes que me comprendan. Yo podría borrar todo este capítulo para ocultar mi flaqueza, pero no pienso hacerlo. Ante todo porque mi compromiso con ustedes no es hacer libros que estén escritos de manera bonita sino ser sincero desde las tripas, aunque duela. Y, por sobre todo, porque mi propia debilidad temporal y la estupenda fortaleza de gente como los Bolán es el mejor ejemplo de lo frágiles o magníficos que podemos ser. Siempre es uno el que elije, hasta en los peores momentos.

—*Bienvenido, gallego.*

Nunca me fui, Mariano.

—*Lo sé, pero empezaste a dar vueltas dentro de la casa de tu fe y no encontrabas puertas. Te preguntabas qué hacías allí.*

Sí. No me hagas llorar de nuevo.

—*No es malo llorar, las lágrimas son a veces el agua bendita que te limpia. No fue malo, tampoco, lo que te ocurrió. Ni las dudas ni la bronca. Lo malo es la indiferencia.*

Lamento mucho no haber comprendido.

—*Tal vez formaba parte, también, del plan divino. Tu momento de oscuridad pueden sentirlo otros en situaciones terribles en las que se preguntan, como vos, por qué Dios las permite, para qué servimos los ángeles. Y aquí, con esta historia que no estaba en tus proyectos para este libro, quizás estemos dando a algunos respuestas, un ejemplo que les sirva. De eso se trata ¿no?*

De eso se trata. Gracias.

—*Las Gracias, con mayúscula, son las que el Creador desparrama entre ustedes. Ojalá algún día se den cuenta.*

Dale un beso a Romina, por favor. A todos los inocentes como ella. Y pediles perdón de parte nuestra.

—*Ellos ya perdonaron, por supuesto. Aquí las cosas son así.*

Aquí no son tan fáciles, Mariano.

—*Ya lo sé.*

Yo no escribo libros religiosos, pero recurro a menudo a la Biblia para encontrar respuestas que nadie más sabe darme. Busqué en los Evangelios la negación de Pedro, su propia crisis ante la tragedia que llegaba. Allí leí en San Marcos la escena en el Monte de los Olivos, cuando Cristo les habla a sus discípulos poco antes de ser apresado. Leí:

"Y les dice Jesús: 'Todos perderéis la confianza porque está escrito: mataré a golpes al pastor y las ovejas se dispersarán' (Marcos 14-27)." Cuando ocurre algo feroz —ya sea masivo, como un atentado donde mueren decenas de inocentes, o individual, como una gran tragedia personal— el intento del maligno es matar al pastor. Matar a Dios para que sus fieles nos dispersemos desconcertados, preguntándonos por qué, diciéndonos dónde estaba El que permitió tal cosa. Pero a Dios no se lo puede matar. Y, sobre los escombros del espíritu, volverá a construirse un nuevo templo del alma, aún más poderoso que el anterior. "Dios quiere la vida" dirá en el frente de ese templo. Nos regala la eternidad y, al mismo tiempo, desea que defendamos aquí en la tierra nuestra propia vida y la de los demás. Tres

Víctor Sueiro

hechos nos definen muy especialmente como hombres:
el saber que vamos a morir, cosa que ningún otro animal sabe; la necesidad de pensar en un Creador que
nos deja la libertad, y el sentir que debemos hacer algo
por nuestro prójimo. Se cumplan o no, estas tres cosas
están muy dentro nuestro y nos diferencian de todo el
resto de la Creación. Lo casi perfecto sería ponerlas en
funcionamiento.

Tomando total consciencia de que moriremos seguramente honraríamos más a la vida, propia y ajena;
pensar en Dios y en la eternidad que nos espera nos
llenaría de paz, para sentir y para dar; asumir con todo
la libertad que El nos da como el mayor de los dones,
haría que la usemos para el bien porque lo contrario es
un absurdo; comprender que los demás nos necesitan
y estar a su lado nos volvería mejores, mucho mejores.

Para todo esto los ángeles ayudan, pero no determinan. Ni siquiera Dios decide nuestras acciones, buenas
o malas. Las goza y las sufre, pero no las maneja como
un titiritero monumental porque, de ser así, poca cosa
sería uno. Graciosas o patéticas marionetas, nada más.

Disculpenme que me puse de pronto algo pesado
con esto de creer, pero no es el objetivo discursear —no
tengo altura para eso— sino querer alcanzar un salva-
vidas a los que piensan que son náufragos de la fe, a
los que pasen por una crisis, por pequeña que sea, como yo mismo.

¿Dónde estaban Dios y los ángeles cuando ocurría
una masacre de inocentes? Dios estaba allí. Tal vez llorando. Los ángeles también. Y muchos hombres.

126

OCHO

Principados y arcángeles

Llegó el momento de hablar de la tercera de las jerarquías angélicas, la que más cercana ha estado y está de nosotros, los humanos. Este sólo hecho hace que imaginemos que son los que deben trabajar horas extra de manera permanente.

Ya quedó en claro que es el hombre el campo de batalla donde se libran sin cesar todas las luchas entre el bien y el mal. Aquello del Dr. Jeckill y Mr. Hyde con lo que fantaseaba el escritor Robert Louis Stevenson, imaginando dentro de cada uno de nosotros a un hombre y una bestia, es una realidad. Los demonios, los ángeles caídos, también trabajan horas extra.

Por eso es que este grupo angélico actúa en la más peligrosa de las zonas de riesgo, nosotros.

Tercera jerarquía

SEPTIMO CORO: LOS PRINCIPADOS

Son los ángeles que tienen a su cargo los grandes grupos humanos: los países, las ciudades e —incluso— las religiones. Cuando triunfan los fanatismos en cualquiera de estos grupos, significa que los Principados encargados de ellos están perdiendo la batalla, lo cual no quiere decir que la abandonen porque la lucha sigue.

Desde el punto de vista de la visión católica, cada parroquia cuenta con un ángel perteneciente al grupo de los Principados. Se los define —en la clasificación tradicional— como de aspecto majestuoso y arrodillados delante del Santísimo Sacramento orando día y noche por toda la comunidad. En la epístola de San Pablo a los Colosenses, dice al hablar de Jesús: "porque en él fue creado todo en los cielos y sobre la tierra, las cosas visibles y las invisibles, ya tronos, ya señoríos, ya principados, ya potestades" (Col. 1-16), mencionando, como se advierte, a este coro de manera directa, junto a otros. Sin embargo, por una razón que escapa a mi conocimiento, el Misal Romano de 1970 menciona y enumera a los coros de ángeles pero exceptúa a los Principados.

OCTAVO CORO: LOS ARCANGELES

Son una categoría extraordinaria, sin dudas. Una manera simplista pero real de definirlos (la que emplea el pseudo-Dionisio), es decir que se trata de mensajeros que cumplen un mandato determinado y específico de Dios a los hombres. Pero, sin desmentir eso (que no es poco), las Escrituras y la Tradición nos demuestran que son mucho más.

Tienen una muy fuerte presencia en las principales religiones y su número básico varía de acuerdo a cada una de ellas. Para los musulmanes son cuatro, pero el Corán menciona en forma directa solamente a dos: Miguel y Gabriel. En el judaísmo y el cristianismo se admite que son siete pero, sin embargo, tampoco se los nombra a todos en los libros sagrados. En la Biblia se señala sólo a tres: Miguel, Gabriel y Rafael.

Para evitar confusiones y un enjambre de nombres complicados que lo único que haría sería marearnos sin sentido y para avanzar sobre terreno más seguro y conocido, vamos a hablar de ese trío con exclusividad. Por otra parte, no es ningún secreto que mi óptica sobre todos estos temas es la del cristianismo, al cual me enorgullece pertenecer, siempre con un respeto muy profundo por las otras religiones serias a las que, incluso, muchas veces admiro.

Teniendo en cuenta lo poderosos que aparecen los arcángeles ante nosotros, no es mala idea repetir que son —también— apenas criaturas de Dios. Creaturas, sus creaciones para un fin. La única adoración posible es para Dios, en su Santísima Trinidad, nada más. Fíjense ustedes que ni siquiera se adora a la muy amada Virgen María ni a los santos. En estos casos se habla de devoción. Adorar, sólo a Dios, no vaya nadie a confundirse y tomar a los ángeles como dioses porque nada está más lejos de la verdad. Mensajeros divinos, queda dicho.

En el caso de los arcángeles habrán advertido, en primer lugar, que en todos los casos la última sílaba de sus nombres es siempre "el". Esto tiene un motivo. El vocablo "el" significa "Dios", siendo un apócope de la palabra Elohim o Eloí que designan al Creador en hebreo.

MIGUEL quiere decir, textualmente, "¿Quién como Dios?". Una pregunta que es toda una definición ya que implica que no hay nadie que se le pueda comparar. Y es justamente Miguel quien, con su espada en llamas, se encarga de que no haya dudas al respecto. El arcángel de ese nombre está descripto en la Tradición musulmana como una imponente figura con cabellos color de azafrán y alas enormes de color verde esmeralda, con una textura de pelusa aterciopelada. El Corán, que rebosa de historias poéticas como todos los libros sagrados, cuenta que los Querubines no son otra cosa que cada una de las lágrimas de Miguel, vertidas por los pecados en contra de la fe. En la religión judía se lo considera como el protector del antiguo pueblo de Israel. En el cristianismo tiene un peso fenomenal, siendo señalado en el Apocalipsis como el que está al frente del Ejército de Dios en la lucha final contra Satanás y sus huestes, acompañando a la Virgen ("la mujer vestida de sol") en ese monumental y decisivo enfrentamiento.

Cuando Lucifer, celoso de Dios y del hombre, se rebela contra su propio Creador no hace otra cosa que usar la libertad que El le dio. Miguel, por su parte, ya aparece allí, también haciendo uso de su libertad para elegir y optando por comandar los Ejércitos Angélicos del Bien, los Angeles de Luz que mantienen tan impresionante contienda contra los Angeles de las Tinieblas desde entonces y hasta hoy. Yo entiendo que seguramente hay alguno que se pregunta: "¿De qué me está hablando este fulano? ¿Qué es eso de los demonios y toda esa cosa?". Una vez más debo escribir que no quiero convencer a nadie de nada, sino contar lo que voy averiguando y ocurre que eso está en las Escrituras, la Tradición y el Magisterio de la Iglesia, formando parte de la religión de manera inquebrantable. "Una antigüedad", dirán los más escépticos. Y bueno, los remito a algo mucho más cercano en el tiempo, el Nuevo Catecismo de la Iglesia Católica, que es de 1993. Allí menciona el tema en varias ocasiones y en un párrafo del punto N° 391 dice claramente: "El diablo y los otros demonios fueron creados por Dios con una naturaleza buena, pero ellos se hicieron a sí mismos malos". Si uno pertenece a un país debe respetar la Constitución y sus leyes; si uno forma parte de una religión tiene el deber de aceptar lo que se le propone, de lo contrario le queda el derecho de cambiar de equipo. Pero, si se queda, debe reconocer como ciertas las normas establecidas.

Otro punto del Catecismo, el N° 395, dice textualmente:

"Sin embargo, el poder de Satanás no es infinito. No es más que una criatura, poderosa por el hecho de ser espíritu puro, pero sólo criatura: no puede impedir la edificación del Reino de Dios. Aunque Satán actúe en el mundo por odio contra Dios y su Reino en Jesucristo, y aunque su acción cause graves daños —de naturaleza espiritual e indirectamente, incluso de naturaleza física— en cada hombre y en la sociedad, esta acción es permitida por la divina providencia que con fuerza y dulzura dirige la historia del hombre y del mundo. El que Dios permita la actividad diabólica es un gran misterio, pero 'nosotros sabemos que en todas las cosas interviene Dios para bien de los que le aman' (Romanos 8-28)." Este último párrafo tiene, también, una respuesta definitiva para los momentos de crisis espiritual, donde uno pretende que Dios "dé explicaciones" ante hechos que nos provocan un gran dolor.

Sor María Pía Giudici, en su hermoso libro "Los ángeles" (Rialp, 1992) escribe: "Saber que Satanás existe y es habilísimo y astuto no lo es todo, pero es una buena premisa para no caer en sus redes. Conviene conocer su táctica, que es también la de todos los demonios aliados con él en la iniquidad". Y luego, la piadosa e inteligente monjita, detalla:

"No trabajan de modo genérico o abstracto; practican siempre una política individual, adaptando su táctica a cada caso en particular. Toman a su víctima por su lado más débil y a través de uno de sus centros de interés. Con tacto y habilidad consumados avanzan gradualmente hacia sus objetivos, sin quedar jamás al descubierto". Y relata en otro párrafo: "Pero también San Miguel, si lo invocamos, puede sernos de gran ayuda. El combate todavía por Dios y por la Iglesia, de la cual es protector especial".

Hay una dura historia en el Antiguo Testamento que es uno de los más grandes ejemplos de fe. Abram es elegido por Dios como el hombre con quien establecerá una alianza para toda la humanidad. En el libro del Génesis (17-5) se le aparece y le dice que su nombre ya no será Abram sino Abraham (que significa "padre de una gran multitud"). Con el tiempo Dios lo enfrenta con la peor de las pruebas: le pide que sacrifique a su único hijo, el pequeño Isaac, sin darle ninguna explicación. Abraham, aunque lleno de dolor, tampoco la pide. Habiendo llegado al lugar que Dios le señalará, una montaña, arma allí el altar donde llevará a cabo el holocausto. Cuando levanta el cuchillo para matar a su propio hijo como ofrenda al Creador, un ángel detiene su mano diciéndole que no debe hacerle ningún daño y que esa prueba demostró con creces su fe. El Antiguo Testamento le da a esa aparición el nombre de Angel de Yahveh (Angel de Dios), y hay varios autores religiosos que dicen que se trataba de Miguel.

También, desde tiempos muy remotos, se dijo que era este Arcángel el que guiaba a las almas de aquellos que morían, como un acompañante luminoso que irradiaba paz en ese viaje. A propósito, ¿estás ahí?

—*Siempre estoy aquí.*

El asuntito ese de Miguel acompañando a las almas... La luz aquella que yo vi en mi experiencia, aquella paz enorme, no sería...

—*No empecemos otra vez, por favor.*

Ya lo sé, los misterios son los misterios y no debo pasarme de la línea con preguntas de este tipo. Lo que pasa es que podés darme alguna pista, algo. Yo esa luz la vi. No con los ojos, pero la vi. Ni siquiera a vos te puedo ver, pero a esa luz la vi.

—*No me digas que ahora vas a creer sólo en lo que ves...*

No, claro que no, pero ver ayuda, no lo podés negar.

—*¿Creer en lo que ves? Maravilloso. Vos ves muchas estrellas ¿no?*

Sí, claro. Preciosas, titilando, como velitas en el cielo.

—*Muy bien. Deberías saber que muchas de esas velitas, muchas de esas estrellas que vos ves, se apagaron hace décadas. Ya no existen, desaparecieron. Pero como la luz tarda muchísimo en llegar desde el firmamento*

hasta la tierra, aún recibimos su brillo. Algunos de uste-
des tienen que ver para creer, pero ya ves que la cosa fa-
lla con esto de las estrellas a las que ves pero en reali-
dad ya no están. Y en esto no hay nada de
sobrenatural, es ciencia pura y te lo puede contar cual-
quier astrónomo... No hay que ver para creer, hay que
creer para ver.

Está bien, yo no dije que necesitaba ver para creer,
no me cambies las palabras.

—*Es cierto, es cierto. Lo que pasa es que quería con-*
tar algo sobre eso y aproveché la oportunidad. Te usé un
poquito, disculpame.

Ya que me interrumpiste ¿tenés algo más para decir?

—*Con tu permiso... También se pueden poner ejem-*
plos a la inversa. Por ejemplo: vos no viste a San Martín
cruzar los Andes pero lo crees. O a Colón descubrir Amé-
rica, o a Buonarotti pintar la Capilla Sixtina...

No juegues conmigo. En esos casos hay documentos.

—*¿Vos sabés qué significa la palabra "documento"?*
Quiere decir "enseñar". ¿Y sabés cuál es la definición
del diccionario? "Escrito o cualquier otra cosa que sirva
para probar algo". Dice "cualquier otra cosa", ¿no es
cierto? Dios no necesita ser probado, pero si quisieras
hacerlo bastaría con mirar a tu alrededor. Personas, ani-
males, plantas, flores, ríos, mares, planetas, el universo
todo en un equilibrio y una concordancia magnífica es la
mejor prueba de la existencia de Dios.

Fantástico, me seguís usando para contar lo que de
repente tenés ganas de contar. Vos sabés que no necesito pruebas de la existencia de Dios, no me hagas poner nervioso. Pero, ya que te metiste, ¿qué pruebas
tengo de vos, de tu existencia?

—*Santo Tomás de Aquino, al que se llama "Doctor*
Angélico" justamente por ser quien más profundamente
nos estudió, escribió que "es necesario admitir la exis-
tencia de algunas criaturas incorpóreas porque así lo re-
quiere la perfección del universo". Para el hombre de

hoy, que no piensa en los ángeles con la ingenuidad y la sutileza de los antiguos, no hay otra argumentación para ofrecerle que no sea la de la fe.

¿Así que ayuda ser un ingenuo para creer en ustedes? Qué bien...

—*Con todo cariño me gustaría ponerte en claro que hay palabras que ustedes usan mal. Ingenuo es una de ellas, a la que interpretan como alguien que se cree cualquier cosa. Pero no. Si mirás otra vez el diccionario vas a leer la definición de "ingenuo", que dice: "Real, sincero, candoroso, sin doblez. Alguien que nació libre y no ha perdido su libertad". Fijate que en el imperio romano había dos clases de personas: los libres y los esclavos. Los libres, a su vez, se dividían en ingenuos y libertos. Los libertos eran los que habían sido esclavos pero se les había concedido la libertad. Y los ingenuos eran aquellos que siempre habían sido libres y lo seguían siendo... ¿No es una gran cosa ser un ingenuo? Y, respondiendo a tu pregunta: sí, ayuda serlo para creer en nosotros. Se debe usar la libertad para elegirnos.*

Bueno, si querés podés seguir escribiendo vos ¿eh?

—*No, no, de ninguna manera. El libro es tuyo. No te enojes, gallego, dejame que me entretenga un poco. Por otro lado, ya que preguntabas qué pruebas te podía dar de mi existencia, ahí tenés: esta charla nuestra.*

Esta charla nuestra, como vos decís, es una charla conmigo mismo al fin de cuentas. Yo no te escucho con mis oídos. Admito que cada vez que te aparecés en el medio del texto escribo cosas que no estaban en mis planes, pero eso le pasa a cualquiera. Soy yo hablando conmigo, eso es.

—*Vos solito. Todo lo que aquí aparece es cosa enteramente tuya.*

Así es, sí señor.

—*Y, si es así, ¿por qué te enojas conmigo, entonces? Enojate con vos.*

Otra vez escucho esa risita. Ay, Mariano, si no te

quisiera tanto me enojaría en serio. Dios me puso un angelito juguetón.

—*Todos lo somos. Y yo también te quiero. Mucho, en serio.*

El caso es que el Arcángel Miguel aparece como el Gran Defensor y es, por lo visto, la principal de sus funciones que ejerce, por mandato divino y elección propia (ya que ellos gozan de libertad como nosotros), desde el principio —la caída de los ángeles que se rebelaron— hasta hoy. Su lucha es permanente, desde ya, e incluye la vida y más allá de ella. Fue Miguel quien, al morir Moisés, disputó una terrible batalla con el diablo que pretendía arrebatar el alma del muerto y es justamente en ese episodio relatado en la epístola de San Judas Tadeo, cuando se da una nueva prueba de la sumisión y la obediencia a Dios por parte de su poderoso enviado. No injuria a su enemigo sino que le dice: "Que el Señor te reprenda". Esto es del Nuevo Testamento, pero Miguel aparece también en el Antiguo, siendo una ocasión muy clara —y yo diría que estremecedora— cuando lo hace frente al profeta Daniel quien, en las Escrituras, afirma: "El Arcángel Miguel reaparecerá en el mundo cuando éste esté en grandes dificultades". Unos cuantos eruditos en estos temas vienen diciendo, desde hace mucho, que ese momento —el de "las grandes dificultades del mundo"— estaría señalado en este siglo XX, en especial a partir de su segunda mitad. Tal vez sea tan solo una coincidencia o una curiosidad, pero es justamente la época en que comenzaron las primeras pruebas nucleares. Poco después, en los años 60, se desarrolló de una manera inesperada la pesadilla del terrorismo internacional, con un enorme aumento de víctimas que —en muchísimos casos— no tenían nada que ver con los grupos en disputa. Como todos sabemos, eso aún continúa. Los índices de suicidios y homicidios (individuales o masivos) no han sido nunca tan altos en la historia, aun incluyendo a etapas tan crueles como la Edad Media. Los conflictos raciales y religiosos se desatan con una violencia inusitada en todo el planeta. En lo individual, nos enteramos casi a diario de chicos que matan a otros chicos, padres que asesinan a sus hijos o viceversa, sacrificios humanos que son filmados para un posterior y enfermo goce sexual de quienes miran las escenas y una colección de aberraciones que marea por lo brutal. Al mismo tiempo las drogas y el tráfico de armas son los dos "negocios" más productivos de la tierra, mientras se instaló entre nosotros una enfermedad salvaje y mortal —el SIDA— que ni siquiera se conocía antes de, apenas, fines de la década del setenta, y que afectará, según proyecciones estadísticas hechas por los más altos estrados científicos, a unos treinta millones de personas en el año 2000, dentro de un ratito. En los últimos años aparecieron simplemente miles de sectas (palabra que significa en su etimología "cortar", "separar") para todos los gustos. O los disgustos. Unas cuantas de ellas se autodenominan directamente satánicas, sin ningún pudor. Si no es éste el momento en que "el mundo está sufriendo grandes dificultades", no quiero imaginar lo que será cuando eso ocurra. Tal vez esté Miguel ya mismo en plena batalla y sería cosa de sumarse a sus filas. No corran a ponerse el casco ni se asusten por esta cruda realidad porque no se trata del tan mentado "fin del mundo", ni mucho menos. Nada de eso va a ocurrir y se los aseguro. Si me equivoco pueden recriminármelo. Pero, Miguel, no aflojes por favor.

También, es oportuno decirlo, ante tanto desastre se produjo en el hombre un acercamiento a lo espiritual como una reacción lógica. Hay que tener cuidado, eso sí, de la forma en que se encauza ese sentimiento y no abrazar creencias que nada tienen que ver con la fe de verdad. Por eso creo que es el momento de hablar de lo

sobrenatural serio, estos temas que las religiones tradi-
cionales no muestran en todo su esplendor y maravilla
por razones que se me hace difícil entender. Quizás teman que el hombre de hoy, borracho de racionalismo y
de ver-para-creer, desprecie estas cosas. Y no es así.
Contar con todo este arsenal de la esperanza y no
usarlo por ese temor, es como negarle un vaso de agua
a un tipo que se arrastra sediento en el desierto, por
miedo a que le vaya a hacer daño atragantarse. Que lo
den por sorbitos, pero que lo den. La sed es mucha y
muchos son, también, los vasos de agua —pero enve-
nenada— que se nos alargan desde los mostradores de
los comerciantes de la fe.

En otro orden de cosas, nunca en la historia de la
humanidad han habido tantas apariciones o locuciones
de la Virgen, el Arca de la Alianza. Sus mensajes ape-
lan a sus hijos humanos, nosotros, a unirnos y apretar
filas junto a Jesús. Nos implora nada más que amor.

Para aquellos que disfrutan las historias reales que
no tienen una explicación racional, han ocurrido y ocurren hechos misteriosos que nos dejan con la boquita
abierta. El muy exitoso escritor norteamericano Tom
Wolf relató en su libro novelado "The right stuff" (algo
así como "la materia prima apropiada") los pormenores
del principio de la carrera espacial y la vida, tanto profesional como privada, de los primeros astronautas de
los Estados Unidos. No lo hace con tono épico y román-
tico sino con datos descarnados, que muestran las de-
bilidades de estos hombres que fueron los pioneros en
salir al espacio, y a los que las autoridades honraban
públicamente porque necesitaban "héroes" ante el
avance de la Unión Soviética en ese campo, pero los
trataban en la intimidad del proyecto casi como a mo-
nos o conejillos de indias. Wolf no tiene ningún empa-
cho en escribir eso ni en mostrar al entonces vicepresi-
dente Lyndon Johnson como un hombre de pocas

luces que lo único que buscaba era sacar rédito político saliendo en TV con los siete astronautas elegidos. Como ven, no era una historia precisamente rosa y complaciente. Sin embargo, la documentación rigurosa de la que se valió Wolf en su investigación le permitió acceder a un hecho que cuenta con detalles. Un hecho asombroso y nunca explicado que tal vez tenga que ver con nuestro tema de los ángeles. Nunca se sabe. Uno de los astronautas era John Glenn, un hombre íntegro e inteligente cuya máxima preocupación personal era mantener a su esposa, que sufría de una pronunciada tartamudez, fuera del alcance de los micrófonos periodísticos que a ella la aterraban debido a su problema. En 1962 le tocó el turno de viajar al espacio. Su nave era la Friendship 7 y su objetivo dar siete vueltas en ella alrededor del planeta lo cual, para esa época, era algo que nadie había logrado. Ya en plena solitaria travesía, cuando está cumpliendo con la tercera órbita, el astronauta Glenn comienza a relatar a la base de Houston, Texas, que ve a través de su escotilla una innumerable cantidad de pequeños objetos extraordinariamente luminosos. Una suerte de enjambre de "cosas de luz" que parecían empeñarse en acompañar juguetonamente a su nave. Glenn no sabe decir qué es eso que revolotea a su alrededor y lo único que se le ocurre para intentar definirlas es transmitir que "parecen luciérnagas. Sé que es una locura lo que estoy diciendo, pero tendrían que verlas. Son como millones de luciérnagas que me acompañan". Así ocurrió durante unos cuantos minutos y luego, ordenadamente y todas a un tiempo, esas misteriosas "luciérnagas" se fueron como si nada. Parecían estar protegiéndolo y, sin dudas, John Glenn lo necesitaba aunque en ese momento no lo sabía. En Houston habían detectado una falla técnica que podía impedir no sólo la continuidad del vuelo sino su regreso a la tierra. No se lo dijeron al astronauta hasta el momento de darle la orden de emprender la vuelta mediante manejo manual. Así se hizo y, a pesar de lo altamente riesgoso que significaba aquel amerizaje, pudo concretarlo con éxito. Nunca nadie dio ninguna explicación sobre lo que vió John Glenn en el espacio exterior. Jamás se supo qué era aquello luminoso y acogedor que rodeó a la nave, acompañándola casi alegremente, cuando el astronauta más lo necesitaba, aunque lo ignorara. Para los más descreídos no está de más puntualizar que los controles médicos, durante y después de ese viaje, no detectaron síntoma alguno de alucinación o delirio en el astronauta Glenn. ¿Una presencia angélica? No lo sé. No puedo saberlo, por supuesto. Pero me encanta pensar que así haya sido.

Al fin de cuentas todos los estudiosos del tema coinciden en que pueden tomar las más diversas formas y justamente una presencia muy luminosa es una de las más comunes.

Lo cierto es que el mundo está un tantico confuso en las últimas décadas y que, quizás, eso que sufrimos no sea otra cosa que los ecos de la batalla más grande jamás librada. Pero el majestuoso San Miguel Arcángel está al frente del Ejército del Bien, lo cual tranquiliza notablemente.

RAFAEL es otro de los Arcángeles mencionados en las Escrituras. Su nombre significa "medicina de Dios". Su historia más clara es la que aparece en el Libro de Tobit del Antiguo Testamento. Todo el relato de este libro bíblico es de gran belleza, incluso desde el punto de vista literario. Allí se cuenta que un hombre de gran corazón y amor a Dios, llamado Tobit, queda ciego. No pierde su fe, a pesar de que su propia esposa, presa de la desesperación, le pregunta casi con ira de qué le han servido las buenas acciones si ese fue el pago que recibió por ellas. Simultáneamente Tobit debe enviar a su hijo Tobías a un largo viaje en el cual cobrará un dinero que les deben. De improviso aparece un joven de buen aspecto que se ofrece a servir de guía en aquella extensa travesía. No lo conocen pero lo aceptan sin siquiera saber bien por qué. A lo largo del viaje el guía le va enseñando a Tobías muchas cosas, incluyendo fórmulas para sanar enfermedades. Llegan a destino y cumplen su cometido. Pero allí está Sara, una bella mujer que se había casado siete veces pero que había enviudado en todas esas ocasiones en el mismo día de la boda. Cuenta el relato que quien provocaba esas muertes era Asmodeo, un perverso demonio. El guía le dice a Tobías que Sara debe ser su esposa. El muchacho, que conocía la historia de los siete maridos muertos sin llegar a estrenarse como tales, tiene sus reservas, por decirlo suave. Pero el guía insiste y lo tranquiliza. Se casa Tobías con Sara y pone en práctica uno de los remedios enseñados por su nuevo amigo: quema un trocito de hígado y corazón de un pescado como conjuro para ahuyentar a los diablos. En efecto, Asmodeo sale disparado y —de acuerdo al relato bíblico— es encadenado por el guía para siempre. Tobías vuelve a casa de sus padres, feliz por estar recién casado y —sobre todo— por estar vivo. A punto de llegar, el guía le dice que tenga a mano la hiel del pez, que deberá untarle en los ojos de su padre ciego y que éste recobrará la vista. Así lo hace de inmediato el muchacho. Tobit, su padre, refriega sus ojos irritados por la hiel y, al abrirlos, descubre que recobró la vista. Se abrazan entre llantos y reciben a los recién casados con gloria y amor, agradeciendo a Dios tanta buena ventura. Tobit dice que hay que pagarle al guía por lo menos la mitad de lo cobrado. Es al ofrecérselo cuando el joven se da a conocer por primera vez en toda esta historia. Les pide que su pago sea tan solo que ellos bendigan a Dios y lo alaben, que cuenten lo ocurrido porque "es glorioso descubrir las obras de Dios" y que elijan siempre hacer el bien y no el mal. Le dice a Tobit que todas sus buenas obras no fueron pasadas por alto y agrega, a partir de aquí textualmente: "Y ahora me ha mandado Dios para curarte a ti y a tu nuera Sara. Yo soy Rafael, uno de los siete santos ángeles que suben las oraciones de los buenos y tienen entrada ante la gloria del Santo. Y se turbaron los dos y cayeron sobre su rostro porque les entró temor. Y él les dijo: 'no temáis, la paz sea con vosotros; bendecid a Dios eternamente; porque no vine por gratuidad mía sino por Su voluntad... Todos los días yo era visto por vosotros pero yo no comía ni bebía; era una visión que vosotros teníais. Y ahora confesad a Dios, porque voy a subir al que me envió, y escribid en un libro todo lo que se ha realizado'. Y se levantaron; y no lo vieron ya más". (Tobit 12-14 al 21.)

Me agarró un ataque de Biblia, ustedes diculpen, pero es que la historia me parece tan linda que me entusiasmé. ¿No es preciosa? Les dice que es un ángel, les pone en claro que lo que ellos vieron no era a él —que no comía ni bebía— sino a una visión, les refirma que fue enviado por Dios. Además, hace puré al demonio que la tenía desolada a la pobre Sara, es decir que la sana espiritualmente. Y cura la ceguera del bondadoso Tobit que ni siquiera había pedido tanto. Sana alma y cuerpo. A propósito, en hebreo el vocablo "rapha" significa "sanador".

Esta historia de Rafael deja en claro un montón de cosas. Que se trata de un ángel (él mismo lo dice); que es un espíritu puro; que puede tomar la forma de un hombre apareciendo así ante los demás; que tiene un gran poder que va más allá de nuestras posibilidades; que es, en efecto, un enviado de Dios que cumple con lo que El le encomendara; que el Creador lleva el concepto de libertad hasta tal punto que permite la actuación de los demonios, pero que manda a un ángel para ayudarnos y, finalmente, que podemos estar junto a uno de esos mensajeros divinos sin darnos cuenta de que lo es, como le pasó al joven Tobías en todo el viaje. Esa magnífica figura del cristianismo que fue San Pablo solía repetir a los muchos que había convertido: "El Señor puede enviar a un ángel para que se nos cruce en nuestro camino. Cualquiera de ustedes puede llegar a encontrarse con uno y no reconocerlo, por eso lo mejor es tratar a todos los que conozcamos como si fueran mensajeros de Dios". San Pablo era un genio, con todo respeto. Si todos le hiciéramos caso y anduviéramos por la vida mirando a los demás con la sospecha de que pueden ser un ángel, el mundo sería algo bastante más grato como lugar para habitar.

Ahí lo tienen a Rafael, entonces. Según las más antiguas tradiciones, uno de los ángeles más alegres, el que debe proteger a los médicos en su hermoso cometido. El que, por extensión, tendría también a su cargo una tarea que no es precisamente sencilla: la de sanar al mundo. En lugar de esas camisetas ecológicas tan de moda que llevan inscripta la frase "salven al planeta", habría que hacer unas con su imagen que digan "sanen al planeta". Y hacer algo para que ocurra, claro, porque con camisetas solamente no se consigue mucho que digamos.

GABRIEL es el que nos queda de los tres arcángeles estrictamente bíblicos. Otro gigante, como sus compañeros. Su nombre significa "fortaleza de Dios" y es quien, de acuerdo a las Sagradas Escrituras, ha sido enviado por el Señor en misiones donde hacía falta esa fortaleza. Su primera aparición figura en el Antiguo Testamento, en el Libro de Daniel, el profeta al que se le hizo presente con cuerpo de varón. El hombre se asustó ante esta visión repentina pero fue mucho peor cuando escuchó una voz poderosa que le decía a quién tenía enfrente: "Gabriel, explícale a éste la visión" (Daniel 8-16). Según su propio relato, cayó de bruces con el rostro contra el suelo y se sintió desfallecer de temor. Situaciones similares se dieron en muchos casos relatados en la Biblia con respecto a apariciones de ángeles. El miedo. ¿Por qué?

—*Porque incluso en aquellas épocas mucho más espirituales el hombre podía temer ante lo sobrenatural.*

Ah, apareciste. Creí que te habías olvidado de mí.

—*Los ángeles no tenemos olvido. A veces duele, pero es así.*

Lo que pasa es que hacía un tiempo que no me decías nada.

—*Tampoco nos manejamos con el tiempo. Aquí no hay tiempo, ni medidas, ni espacio, ni plazos, ni nada de eso que ustedes usan para ordenar la existencia y a menudo sirven para desordenarla. Aquí somos. Y estarás de acuerdo conmigo en que "ser" es mucho más lindo que "estar".*

Está bien, está bien. No pienso discutir filosofía con vos, en especial porque sospecho que no tengo ninguna posibilidad de ganar. Hablábamos del miedo que han sentido muchos ante la aparición de uno de ustedes, al menos en testimonios de las Escrituras.

—*Y es cierto, galleguín. Por eso de descubrir de pronto que lo sobrenatural está allí, tan cercano. Y en el Arcángel Gabriel, loado sea, se da en varias ocasiones. Cuando se le aparece a Zacarías, por ejemplo, para anunciarle que será padre de Juan, el Bautista, el que sería precursor de Jesús...*

Eso es el Nuevo Testamento. San Lucas ¿no?

—*Hiciste los deberes. Así es. Zacarías se asusta y Gabriel lo tranquiliza antes de darle la buena nueva... Pasa algo similar cuando Gabriel es el mensajero, nada menos, de la Anunciación a María. Se le aparece a la Virgen y, antes de decirle que será la Madre de Jesús, también la tranquiliza...*

Y a José, que estaba confuso y casi enojado porque no comprendía que María fuera a ser madre sin haber tenido contacto con hombre alguno.

—*Eso es, y a José... Luego a los pastores de Belén, que igualmente se llenan de miedo ante semejante aparición... Fíjate que las primeras palabras que pronuncia en todos estos casos son siempre las mismas, conociendo al alma humana: "No temáis". Luego da su mensaje.*

Es cierto. No temas. Qué bien nos vendría escuchar esas palabras de cuando en cuando hoy en día. Casi puede decirse que este es el siglo del miedo y no precisamente por la aparición de un ángel. No temas. Bonito.

El caso es que Gabriel figura también de manera muy marcada en otras religiones. En la del Islam, por ejemplo, donde se lo menciona con el nombre de Jibril, se dice que ha tenido a su cargo —nada menos— que dictarle el Corán a Mahoma.

Es el emisario de las buenas noticias, los escritos antiguos lo describen con ciento cuarenta pares de alas y también se dice que fue quien le hablaba a Juana de Arco para encomendarle su misión.

En el cristianismo es el Angel de la Anunciación, de la Resurrección, de la Misericordia y de la Muerte. También de la Revelación, como que es quien más contacto directo ha tenido con los humanos que son base de la religión y a quienes les habló en nombre de Dios.

Y llegó el turno del noveno coro, el Angel de la Guarda, el que cada uno de nosotros tiene a su lado desde siempre y para siempre. De aquel que Dios nos envió como mensajero individual para la lucha diaria. Mi amigo, el ángel. No se pierdan el próximo capítulo, en este mismo libro y en el día y hora que ustedes elijan. Ya mismo, por ejemplo.

NUEVE

Angel de la guarda...

Mucha gente cree que el ángel es un bonito producto de la imaginación que nos contaron cuando éramos chicos al estilo de los Reyes Magos.

—*Perdón, pero los Reyes Magos existieron...*

Es cierto. No es mala idea recordar aquí que ellos —los llamados "Reyes Magos"— también existieron desde un punto de vista estrictamente histórico. Obviamente —y es una pena— no como los describió luego la dulce fábula familiar por la cual cada noche de un 5 de enero le poníamos pastito y agua para los camellos y hasta gaseosas para Melchor, Gaspar y Baltazar. Se llamaban así, en efecto, pero no eran ni reyes ni magos. La palabra "magís", de la que deriva "mago", significa sacerdote en este caso. Eran, históricamente, tres grandes sacerdotes de la religión persa que habían viajado a Belén para homenajear al recién nacido Hijo de Dios. El resto de la historia es la de nuestra infancia y allí sí que la realidad deja paso a ese hermoso sueño, que nos acompañó hasta lo que luego sería nuestra primera decepción.

—*Lamentablemente no la última. Tal vez es allí, cuando ustedes descubren un sentimiento desconocido hasta entonces: la desconfianza. Es una pena, como dijiste...*

Ya lo creo. En cuanto a los ángeles, es curioso que durante la infancia sea el momento en que más oímos

149

hablar de ellos y —al crecer, al menos físicamente pero no desde lo espiritual— vamos archivando la idea en el baúl de las fantasías. Justamente cuando más necesitamos tenerlos cerca, porque un adulto empieza a tutearse con los problemas, es cuando muchos ni siquiera los tienen en cuenta.

Sin embargo, él sigue estando allí, dando vueltas a nuestro alrededor, cuidándonos a pesar de todo y triste a veces porque hay quienes no reparan en que es así. El racionalismo a ultranza ("sólo existe aquello que puedo ver") es una burrada mayúscula ya que —con ese criterio— no existe el amor, por ejemplo. Incluso el odio. O el mismo Dios.

Un hombre llamado Augusto Comte creó, en el siglo pasado, una corriente filosófica a la que llamó "positivismo". En ella se apuntalaba un presunto progreso y, en nombre de eso y de la ciencia mal entendida, se negaban todas las religiones. La cosa llegó a un punto tan extremo que el tal Comte inventó un "Catecismo positivista" con normas a seguir, como en cualquier catecismo. La palabra ("catecismo") nos llega de "catequesis", que significa literalmente "hacer resonar como un eco". El católico nos hace llegar, en forma de palabras, ecos de un sonido que es melodioso para aquellos decidan oírlo; aquel de Comte nos hacía llegar ruidos que provocaban confusión y desesperanza. Este fulano Comte que despreciaba a toda religión existente terminó, con su "catecismo", prácticamente creando una, fíjense que curioso. Primer paso de un absurdo que tuvo una larga caminata que aún nos afecta, aunque los positivistas han ido abandonando sus letrinas intelectuales hace ya largo rato. Uno de los puntos que identificaba a esa corriente era basarse en los hechos que demostraban las cosas de manera indiscutible, al menos según ellos.

—*Hay hombres que creen tener todas las respuestas, en especial los que se han hecho muy pocas preguntas. Contáles lo de Ruskin...*

Es una buena idea. Hay muchas pruebas históricas del fracaso de semejante propuesta, pero elijo un ejemplo que rescato de la revista "Ave María" que fundara y dirige mi amigo monseñor Roque Puyelli. Allí hay una nota firmada por Gonzalo Herranz, quien relata un hecho real que nos demuestra bien clarito que no todo lo que parece ser una cosa, lo es. Se la conoce como "la prueba de Ruskin", en honor al médico especialista en enfermedades de ancianos que la llevó a cabo. Este profesional reunía a grupos de colegas y enfermeras y les planteaba un caso específico para que cada uno diera su diagnóstico. Les describía a una paciente determinada y les informaba:

"Aparenta claramente su edad cronológica. Esta paciente no logra comunicarse de manera verbal con los médicos y, ni siquiera, con sus parientes más cercanos. Tampoco da señales de entender cuando se le habla. Se pasa horas balbuceando frases incoherentes que nadie comprende y da toda la sensación de no saber siquiera quién es ella, desorientada en tiempo y espacio. Por lo que se aprecia observándola con detenimiento la paciente no parece saber dónde está ni la fecha en que está viviendo, en lo que podríamos calificar como una clara desorientación en tiempo y espacio. Sólo de cuando en cuando parece reaccionar cuando se la menciona por su nombre, sin que varíe todo lo anterior. No se interesa en lo más mínimo en su propio aseo personal y ni siquiera colabora cuando alguien lo hace en su lugar, lo cual es imprescindible y a diario ya que la paciente no controla sus necesidades fisiológicas básicas y padece de incontinencia de heces y orina, por lo que es necesario que otros deban ocuparse de bañarla e, incluso, vestirla. También es imprescindible darle de comer solamente comidas blandas, porque carece de dentadura. Se babea de manera continua y no se preocupa de que sus ropas estén casi siempre manchadas. Está imposibilitada de andar por sus propios medios. Su patrón de sueño es altamente conflictivo para aquellos que conviven con ella ya que se despierta por la noche con mucha frecuencia y, al hacerlo, estalla en gritos y llanto. Tiene momentos, a veces prolongados, en los que se muestra en apariencia muy tranquila y amable pero —sin que exista un motivo claro que origine algo semejante— se muestra repentinamente muy agitada y estalla en nuevas crisis de llanto que suelen ser difíciles de controlar. La situación que acabo de describir es permanente y diaria desde hace ya muchos meses".

Luego de este informe clínico que se ajusta a la más estricta realidad, el doctor Ruskin preguntaba a la audiencia de profesionales qué debía hacerse ante tal situación. Prácticamente la totalidad de los que lo escuchaban daban una opinión definitiva, sin dudar, que puede resumirse con la frase: "Cuidar de un caso así sería devastador, un modo de perder el tiempo médicos y enfermeras. Los parientes cercanos de esta paciente no pueden, tampoco, hacerse cargo de alguien así. Casos como ese deben ser enviados a un asilo ya que nada se puede hacer por ellos". Aun los de mayor nivel humanitario respondían que: "una paciente con esas características es una prueba demasiado dura para la paciencia y la vocación de cualquiera. Es una tarea para médicos y enfermeras santos y no para médicos y enfermeras comunes". Luego de discutir el caso durante un rato, en el cual todos seguían opinando lo mismo, el doctor Ruskin sacaba una fotografía de la "paciente" y la hacía circular entre todos para que vieran que se trataba de una preciosa bebita de seis meses de edad. Por supuesto, la salud física y mental de esa criatura estaban en perfecto estado y cada una de las manifestaciones contadas en el informe eran por completo reales y —obviamente— naturales. Este inteligente médico les demostraba a todos —y ahora a muchos de nosotros— que es muy injusta cualquier tipo de discriminación de pacientes y, al mismo tiempo, que no siempre los datos exactos sirven para dar una opinión exacta. Una práctica y preciosa patada en la boca del estómago a aquellos que solamente se basan en lo que ven o lo que oyen. Ruskin debe haberse divertido mucho con su ahora famosa prueba. Como dijo Juan Pablo II hace unos años: "La ciencia y la fe son, ambos, dones de Dios". Y, como tales, hay que usarlos no sólo con el cerebro sino —por sobre todo— con el alma. Afortunadamente hay muchos médicos y científicos de otras disciplinas que así lo hacen. La ciencia y la fe no son enemigas de ninguna manera sino, por el contrario, van a terminar caminando de la mano por las calles tortuosas de nuestras vidas. La exageración de cualquiera de ellas es lo espantoso: el cientificismo cerrado que no admite lo que no se puede explicar con la razón (tantas cosas, Dios mío, tantas cosas) para terminar siendo una especie de secta diplomada que niega a la fe, o el fanatismo religioso que desprecia a todo aquello que no acepte sus creencias y que termina siendo lo que hoy conocemos como "fundamentalismo", una enfermedad del espíritu que, en lugar de sembrar esperanzas, siembra y cosecha violencia y muerte.

Por supuesto, de la misma manera en que no se puede llegar a Dios por la razón solamente, tampoco se lo consigue con los ángeles. Se los alcanza con los ojos de la fe, que no son ciegos, pero que en algunos son —al menos— miopes.

El ángel se encuadra dentro de ese tipo de cosas que estas personas llaman fantasías, tonterías, ingenuidades o definiciones aun más guarangas pero que no escribo aquí para que Mariano no me rete. Los que eso creen cometen un pecado que no está castigado pero que daña: la ignorancia.

Hay, también, quienes dicen que no "porque no" y cometen el otro pecado sin penitencia: la estupidez.

Y luego están los que atacan a la figura del ángel porque saben de su importancia y no les conviene a sus fines que crezca desde la verdad religiosa y seria. Esos, que lo hacen a plena conciencia y con toda mala fe, son asesinos de la esperanza y, además, hijos de madres con conductas sexuales promiscuas por las cuales cobran a sus clientes (Ay, Mariano, las frases que me hacés escribir para no decir las cosas por su nombre son increíbles).

El ángel existe. Me refiero al personal, al de cada uno, al que llamamos Angel de la Guarda. Hasta es posible que no sea sólo uno, nunca se sabe. El ángel forma parte de cada uno de una manera que ni siquiera se puede imaginar porque no nos da el cuero para tanta maravilla.

Yo no existiría sin él y él no existiría sin mí.

—*Bien dicho.*

Ya que apareciste, bien podrías contar vos mismo cómo sos, cómo son cada uno de ustedes, los ángeles guardianes.

—*Ah, no. Con todo cariño y respeto, creo recordar lo que dijiste ya varias veces: el que escribe sos vos.*

Pero sos el indicado. Sos un ángel custodio.

—*¿Y qué tiene que ver? Colón era navegante pero no se pasó toda su vida arriba de un barco.*

Está bien, muy amable. Voy a empezar, para sorprenderte, con algo que no tiene nada que ver con las Escrituras ni cosa parecida. Pero es algo que me gusta de manera especial. Cuando escribo esto hay una cantante que está muy de moda entre los adolescentes, una jovencita llamada Mariah Carey que tiene una voz preciosa. En el folleto que acompaña al compact figura, en letra muy chiquita como la que no se lee nunca en los contratos y suele ser la más importante, la larga lista de aquellos a quienes dedica esas canciones. El texto que encabeza ese homenaje dice: "Querido Dios: como siempre, te agradezco muchísimo por bendecirme con la habilidad de realizar mis sueños". Ya me cayó bien esta chica. Nada de romper la foto del Papa ante las cámaras de TV , como esa colega suya pelada que no recuerdo como se llama, ni de filmar videos de un mal gusto espantoso donde se mezclaba la religión con lo obsceno, como Madonna, que hace rato dejó de gustarme. No soy un pacato ni un come-velas, pero hay cosas que deben respetarse. Esta chica Mariah Carey es la otra punta del dial: arranca agradeciendo a Dios. Ella es, también, autora de la mayoría de los temas que canta. Uno de esos temas se llama "Héroe" y es realmente bello. No estoy seguro de que se refiera a un ángel, pero le cae que ni pintado. Además, teniendo en cuenta que su autora es una irlandesa de buena profesión de fe cristiana, sospecho que en él pensaba cuando lo escribió. Le pedí a mi hija Rocío que lo tradujera al español (no lo puedo creer, parece que hace un ratito que la acunaba y ahora le pido que me traduzca cosas. Después vos me decís que el tiempo no existe).

—*Aquí.*

Allí, porque lo que es aquí ni te cuento. Te muerde los talones el muy gua...

—*Sigamos, por favor. ¿Qué dice esa canción?*

Dice así, muy dulcemente cantado:

"Hay un héroe.
Si miras dentro de tu corazón
no tienes que tener miedo
de lo que eres.
Hay una respuesta
si llegas dentro de tu alma.
Y la pena que conoces
se derretirá.
Y es entonces que un héroe viene a ti
con la fuerza para continuar,
y tú arrojas tus miedos a un lado
y sabes que podrás sobrevivir.
Así que, cuando sientas que la esperanza se ha ido,
mira dentro tuyo y sé fuerte
y finalmente verás la verdad:
que un héroe descansa en ti.

Es un largo camino
cuando enfrentas al mundo solo
y nadie te alcanza una mano
para que te aferres.
Puedes encontrar amor
si buscas en tu interior.
Y el vacío que sentías
va a desaparecer.
Dios sabe
que los sueños son difíciles de seguir
pero no dejes que nadie
te los arranque.
Aguanta.
Habrá un mañana a tiempo
en el que encontrarás el camino.
Y es entonces que un héroe viene a ti
con la fuerza para continuar..."

—*Me hace sentir como si fuera tu Indiana Jones particular. Me gusta.*

También a mí. Te lo cantaría para que todos escuchen lo dulce que es, lástima que los libros no vienen con sonido.

—*Afortunadamente. Los lectores y yo lo agradecemos...*

Perdón... ¿eso quiere decir que canto mal?

—*No, no... Digo que afortunadamente nos hacés conocer la letra, al menos. Y que se te agradece.*

No hay por qué. Puedo cantártelo a vos, ahora, si querés.

—*Socorro.*

¿Cómo?

—*Este... El tema de los Beatles, "Socorro"... Te pido un tema, como a los grandes cantantes ¿viste?*

No te asustes, no voy a cantar, era una broma.

—*Lo mío también, galle. La verdad es que no importa cómo se cante, lo que vale es cantar. Limpia. Y hay que*

El ángel

hacerlo como vivir: con ganas, con alegría, con fuerza, sin temor.

Como los chicos, una vez más. Es fabuloso todo lo que nos enseñan con sólo vivir y es penoso que no nos demos cuenta. Los que leyeron mi librito anterior ("Curas sanadores y otros asombros") seguramente recuerdan el caso de María Belén Schmucher, de seis años, que hablaba con naturalidad de los encuentros con su ángel al que llama Joaquín y que no sólo "le hace pensar cosas lindas" sino que, cuando su hermanita menor lloraba por la noche como cualquier bebé, María Belén "le mandaba al ángel y entonces él va y le hace pensar cosas lindas también a ella, y ella no llora más". O el de su hermano Diego, que murió por un maldito y tonto accidente a los diez años de edad, en 1984, pero —sin que nadie comprendiera el por qué— la semana anterior regaló sus cosas más queridas a sus compañeros y amiguitos, además de escribir una última composición que su maestra recuerda ahora emocionada. Era tema libre y Diego eligió un relato al que llamó "La resurrección de la rosa" en el cual contaba que esa flor crecía, se abría, se deshojaba, dejaba caer sus pétalos... pero nunca moría. Eran anuncios de paz para los suyos de alguien que no podía saber que se iría físicamente porque, como digo, su muerte fue un accidente impensado. Su mamá, María Angela, es catequista y un portento de fe. O el caso de María Paula Durand, que murió en 1989 a la edad de cinco años y que en sus últimas semanas de vida, postrada en cama por un cruel cáncer terminal, dibujaba imágenes de Cristo y templos con angelitos que los sobrevolaban. Murió, a pesar de los efectos de la quimioterapia, en medio de una gran paz, sonriendo luego de mantener un diálogo con "alguien" que la tranquilizaba. Y sí que dejó ejemplo: Patricia y Héctor, sus padres, crearon una fundación (FUMAPAD) para ayudar con todo lo que tienen a su alcance a los padres de chiquitos que son enfermos crónicos.

Se cuentan por decenas los casos de chicos que demuestran una fuerza espiritual casi inconcebible. El héroe que llevan dentro los hace a ellos también héroes. Aquellos adultos que aún conservan algo del niño que han sido son, por eso, los más cercanos a las maravillas.

Hasta el planeta parece haber tenido una especie de infancia donde, a pesar de todo lo que ocurría en él y que no siempre era bonito, se conservaba entre la gente de fe una pureza natural para aceptar —miren que curioso— lo sobrenatural.

Las Escrituras

Cuando, poco después de la muerte de Jesús, su discípulo Pedro es apresado, ocurre algo que demuestra esto muy claramente. Pedro había sido encarcelado por orden de Herodes Agripa, la máxima autoridad romana en tierra palestina. Por supuesto, su único delito era el de ser cristiano. Lo custodiaban celosamente dieciséis soldados, dos de ellos en su celda, permanentemente a su lado. En la puerta de su calabozo había otros dos y el resto estaba diseminado en las distintas puertas de lo que hoy llamaríamos "una cárcel de máxima seguridad". El pobre Pedro estaba encadenado de pies y manos, como si fuera poco. De repente, algo lo despierta de su sueño, se siente suavemente sacudido. Abre los ojos y se encuentra con un ángel cuya luz destellaba blanqueando todo ese lugar lóbrego y tenebroso. "¡Levántate, vamos!", le dice el ángel al sorprendido apóstol. En el mismo instante, ve como se sueltan solas las cadenas que lo aprisionaban. "Vístete y cálzate tus sandalias", lo apura el ángel. Pedro, por supuesto azorado y conmovido, le hace caso. "Ahora sígueme", le dice el ángel. Obedece y así, siguiéndolo, pasan por la primera guardia y por la segunda sin que los soldados allí apostados se dieran cuenta de nada de lo que estaba ocurriendo. Así llegaron a la enorme puerta de hierro, también custodiada, que daba a las calles de la ciudad. Esas puertas se abrieron sin que nadie las tocara. Una vez en libertad gracias a tan impresionante ayuda, Pedro le agradece a Dios por haber puesto en acción al ángel y, buscando refugio, se dirige a casa de María, la madre de su amigo Juan. Golpea la puerta. En el interior de la casa había un numeroso grupo de personas orando clandestinamente. Quien acude a la puerta es Rode, una esclava que —emocionada por la presencia de Pedro— corre hasta donde estaban los demás y les dice que él está en la puerta. Todos sabían que el apóstol estaba en prisión y que era imposible que pudiera huir de allí o que lo hubieran dejado libre. Le decían a Rode que estaba loca y, casi todos —acá viene lo asombroso— repetían: "Es su ángel". No podía ser Pedro, pero sí podía ser su ángel, al que cada uno de los presentes tomaba como algo por completo natural. Para ellos no tenía nada de extraordinario que el ángel del prisionero golpeara a sus puertas como un amigo más. Así lo consideraban y sabían que podían haber encarcelado a Pedro, pero jamás a su ángel. Al fin le abrirían y la historia continúa, pero lo más jugoso hoy para nuestro tema es esa confianza sin asombros que tenían todos en los ángeles. Esta historia está relatada en detalle en la Biblia, en los Hechos de los Apóstoles (12, 1-15).

En el evangelio de San Lucas (22, 43) dice, con total claridad y sin ninguna metáfora, que un ángel era quien consolaba a Jesús en su agonía en el huerto de los Olivos, en Getsemaní, poco antes de que lo apresaran y mientras él sudaba sangre orando y pidiéndole al Padre que se hiciera Su Voluntad.

Es permanente la presencia del ángel en el Nuevo Testamento y lo es, también en el Antiguo. Desde el Génesis mismo, custodiando las puertas del Edén o, luego, siendo dos de ellos los enviados para salvar a Lot y a su familia —los únicos justos que quedaban en Sodoma—

de lo que sería la destrucción total de la ciudad corrompida. En ese episodio, por ejemplo, una multitud de hombres se agolpa en las puertas de la casa de Lot en cuanto llegan los dos ángeles, corporizados en las figuras de dos hermosos jóvenes. Estos hombres le pedían a los gritos al dueño de casa que les entregara a los recién llegados porque "querían conocerlos". La palabra "conocer", en este caso, está empleada en la Biblia con un sentido que no es el que le damos actualmente. Lo que pretendían estos espantos humanos era violar a los recién llegados, así como suena. Por algo Sodoma fue condenada a desaparecer en un instante. El pobre Lot, queriendo proteger a los ángeles corporizados, llega a decirles a los que formaban esa turba que les ofrece a sus dos hijas "que aún no habían conocido hombre" pero que no toquen a sus visitantes. Los engendros que rodeaban la casa no querían saber nada con la propuesta, clamaban por los jóvenes y habían empezado a avanzar peligrosamente cuando los ángeles tomaron de un brazo a Lot para introducirlo en su hogar y, con un gesto, dejaron momentáneamente ciegos a los agresores. Luego guiarían a toda la familia en su huída, cumpliendo con el cometido que se les había encomendado como ángeles.

Las menciones que se hacen de ellos en el Antiguo Testamento son muchas y variadas, pero siempre poniendo de relieve su condición de mensajeros divinos con poderes que no están al alcance del hombre.

Justamente de su naturaleza, se ha dicho que "son seres misteriosos, potentes, inmensamente superiores a los hombres aun siendo criaturas de Dios como ellos, inmateriales, espíritus puros y poderosos".

También queda en claro, de acuerdo a distintos pasajes de las Escrituras, que "son mensajeros y garantes de la bondad y benevolencia divinas y que, como tales, debemos tener confianza en ellos"; que "protegen la vida corporal y espiritual"; que "son bondadosos y, al mismo tiempo, victoriosos combatientes que luchan contra los enemigos de Dios y de los hombres" y que "interceden por nosotros ante Dios y que podemos pedirles que así lo hagan en todo tiempo y momento".

La definición que más se ajusta al sentir de la Iglesia Católica desde sus inicios con respecto a los ángeles dice que "Son criaturas de Dios que se manifiestan como seres personales sobrehumanos, inteligentes, inmateriales, invisibles, inmortales, poderosos ejecutores de los planes de Dios en beneficio de Su Gloria y de la salvación humana".

Pocos documentos religiosos son tan claros para señalar la existencia del ángel de la guarda como el texto del Exodo (23,20) del Antiguo Testamento. Es Dios quien allí habla cuando dice, exactamente:

"Voy a enviar un ángel delante de ti para protegerte en el camino y para conducirte al lugar que te preparé. Pórtate bien en su presencia y oye lo que él te dice. No te resistas, pues no perdonaría tu falta, porque mi nombre está en él... Mi ángel caminará delante de ti."

¿Qué tal? Si alguno tiene aún dudas, tendrá que pelearse con la Biblia.

Los concilios

Los concilios son reuniones extraordinarias en las cuales las más altas jerarquías de la Iglesia determinan cuestiones de fe que se incorporan, de manera indisoluble, a la Doctrina. Ya en el Concilio de Letrán, en el año 1215, quedó establecido claramente que los ángeles eran un dogma de fe. Allí dejan establecido que Dios es el creador de todas las cosas, "visibles e invisibles, espirituales y corporales", hablando de manera específica de "las criaturas angélicas y las mundanas".

Mucho más adelante en el tiempo, en 1870, el Concilio Vaticano I, ante el avance de un materialismo y racionalismo que ya se hacían sentir, reafirma por completo la existencia del ángel definiéndolo, una vez más, como "espíritu puro al servicio de Dios, su Creador". También allí se señala que cada humano tiene asignado un ángel personal.

Se los precisa como "seres puramente espirituales, racionales y libres pero más plenamente que los hombres".

En el Concilio Vaticano II, mucho más cercano en el tiempo (1962) se dice, en el Lumen Gentium, que la Iglesia ha venerado siempre con particular afecto a la Bienaventurada Virgen María, los Santos Angeles, los Apóstoles y los Mártires. Conserva intacta esa devoción.

Los que mantengan las dudas deberán pelearse, también, con los que integraron los concilios, que no son precisamente lentos.

Los pontífices

Los Papas han apuntalado siempre, por supuesto, esas afirmaciones.

Pío XI se sintió empujado a agradecerle, cuando dijo refiriéndose a sí mismo aunque lo hacía en plural, como es la costumbre de los Papas:

"Tenemos con él un deber de agradecimiento. En muchas ocasiones nos hemos visto maravillosamente asistidos por nuestro ángel de la guarda. Muy a menudo sentimos que está ahí, cercano, dispuesto a darnos ayuda."

Pío XII no dejó ninguna duda al referirse al tema:

"Cada cual, por muy humilde que sea, tiene ángeles que velan por él. Ellos son gloriosos, purísimos, espléndidos y os han sido dados como compañeros de camino."

Entre los últimos, Paulo VI comienza lo que se llamó el Credo del Pueblo de Dios en el año de la Fe (1968) con estas palabras:

"Creemos en un solo Dios, Padre, Hijo y Espíritu Santo, creador de las cosas visibles como es este mundo en el que transcurre nuestra vida pasajera; de las cosas invisibles como los espíritus puros que reciben también el nombre de ángeles y creador en cada hombre de su alma espiritual e inmortal".

Ya contamos aquí que Juan XXIII era profundamente devoto de los ángeles y, en especial, del suyo propio, al que enviaba a quienes podían necesitarlo ya que es esa una de las funciones que podemos pedirle a nuestro amigo invisible. Fue este pontífice quien dijo:

"El ángel custodio es un buen consejero. Intercede cerca de Dios por cada uno de nosotros; nos ayuda en nuestras necesidades si se lo pedimos; nos defiende de los peligros y accidentes. Al Papa le gustaría que los fieles sintieran toda la grandeza de esta asistencia de los ángeles."

Juan Pablo I fue Papa por muy poco tiempo ya que Dios decidió llamarlo a su lado a él y a su sonrisa inolvidable llena de bondad luego de tan solo treinta y tres días transcurridos desde su elección hasta su muerte, que le llegó dulcemente y en paz mientras dormía. Pero le alcanzó ese corto lapso para hablar, también, del tema. Dijo:

"Los ángeles son los grandes desconocidos en estos tiempos de cosmolatría. Alguno ha insinuado la duda de que no sean personas. Muchos no hablan de ellos. Será oportuno, en cambio, recordarlos más a menudo como ministros de la Providencia en el gobierno del mundo y de los hombres, tratando de vivir, como han hecho los santos desde Agustín a Newman, en familiaridad con ellos."

Juan Pablo II ha dedicado, desde 1986, su catequesis de los días miércoles a los ángeles. En la audiencia general del 9 de julio de ese año ha dicho en uno de sus pasajes, textualmente:

"La existencia de los seres espirituales que la Sagrada Escritura habitualmente llama ángeles, era negada ya en tiempos de Cristo por los saduceos. La niegan, también, los materialistas y racionalistas de todos los tiempos. Y, sin embargo, como agudamente observa un teólogo moderno, 'si quisiéramos desembarazarnos de los ángeles, debería revisarse radicalmente la misma Sagrada Escritura y con ella toda la historia de la salvación'."

Los que aún conserven dudas deberán pelearse, también, con los Papas.

La liturgia

Durante la misa, en el prefacio, se dice siempre: "Con todos los coros celestiales, con los ángeles y arcángeles, cantamos el himno de tu gloria". Luego viene el "santo" donde se repite la alabanza a Dios que es, de acuerdo a la Tradición, la que le cantan de continuo los Serafines. También se menciona a los ángeles en la misa durante el Canon y se los honra de manera específica los días 29 de septiembre, dedicados a los arcángeles Gabriel, Rafael y Miguel. También de manera oficial, cada 2 de octubre es el día del Angel Custodio y, en las misas de esa jornada, la oración de la Iglesia es: "Oh, Dios, que en tu providencia amorosa te has dignado a enviar para nuestra custodia a tus santos ángeles, concédenos vernos siempre defendidos por su protección y gozar eternamente de su compañía".

Los que sigan dudando deberán pelearse, también, con la liturgia.

El Catecismo

El Catecismo Católico, muy nuevecito, fue elaborado a lo largo de seis años por las mejores mentes de la Iglesia encabezados por una comisión especial de doce cardenales y obispos presididas por el cardenal Joseph Ratzinger, un hombre famoso tanto por su fe como por su inteligencia y rigidez en lo que se refiere a la Doctrina. La tarea, encomendada por Juan Pablo II, comenzó en 1986 y se conoció públicamente en 1993. Es en este catecismo donde, en su punto N° 328 dice bien clarito que la existencia de los ángeles es "una verdad de fe". Sigue con el tema durante los tramos siguientes y, en el N° 336, especifica:

"Desde la infancia a la muerte la vida humana está rodeada de su custodia y de su intersección. Cada fiel tiene a su lado un ángel como protector y pastor para conducirlo en la vida".

Los que insistan en dudar tendrán que pelearse, también, con la Iglesia.

Claro que lo mejor es no pelearse con nadie y abrir el alma a la fe.

—*Muy bien. Estoy orgulloso de vos.*

Vamos... A todos le dirás lo mismo.

—*Sólo te tengo a vos.*

Por favor, no empecemos con esos tonos y esas frases que me hacen emocionar. Vos sabés que soy un enfermo cardíaco, después de todo, y las emociones no son nada saludables.

—*Depende de qué emociones. Decirle a alguien que lo querés es regalarle salud. Espiritual y física.*

Tenés razón. Y, en realidad, no hay que ser fanático ni siquiera para cuidarse. Hacerlo, sí, pero vivir sin miedos ni presiones. Al fin de cuentas ¿quién quiere vivir cien años?

—*El que tiene noventa y nueve.*

Otra vez tenés razón. Y sentido del humor, que es muy parecido al sentido del amor. No sabés cómo me gustaría verte, que te aparecieras aquí y ahora aunque sea por un rato. Un milagrito ¿eh?

—*Con eso no se juega.*

Ya lo sé, no estoy jugando. Me gustaría en serio.

—*Perdón, pero creo que te confundís. Vos no sos Aladino ni yo soy el genio de la lámpara. Esto es otra cosa.*

¿Qué tiene de malo que desee verte un poquito?

—*Si no te enojás, te diría que no tiene nada de malo pero bastante de tonto. Ya es algo... especial, digamos, que estemos charlando.*

Es otra cosa. Yo sé que, a la larga, esta charla es conmigo mismo. Si siento tan claramente lo que decís es porque yo lo invento. Sigo sin entender cómo tus respuestas son tan nítidas y por qué escribo lo que voy sintiendo casi sin pensarlo, pero me cuesta aceptar que me estés diciendo cosas. Soy yo. Punto. Soy yo mismo el que me habla.

—*En ese caso no hay problemas si querés verme. Mirate en un espejo.*

Ah, no. No creo que seas gordito, muy miope, con arrugas en el borde de los ojos y con ese pelo finito y escaso, cada vez más escaso.

—*No te quiero herir pero es verdad: no soy nada de eso.*

Me heriste.

—*No, galle. Vos tampoco sos nada de eso. Los espejos son sólo una mala magia. Para verte tenés que cerrar los ojos, tenés que sentirte. Hay chiquitos a los que les regalan un juguete electrónico de esos lindísimos y ellos, sin embargo, lo dejan de lado al poco rato y se ponen a jugar con la caja que lo guardaba, imaginando que es una casita en medio del bosque, un castillo con una princesa encantada, un casco para volar por todos los planetas o un recipiente que guarda un millón de secretos maravillosos e invisibles... Sienten. Lo que ves en el espejo es algo grotescamente real y falible, como el juguete electrónico. Jugá con la caja. Sentí.*

Estás ahí, sé que estás ahí, no hay nada que hacerle. Yo no escribí todo eso de la caja de manera consciente, lo único que hice fue apretar las letras del teclado. Estás ahí, sí señor.

—*Tal vez sería apropiado decirlo con mayúscula: "Sí, Señor". A El le encanta que le digan que sí porque nunca te va a proponer nada que pudiera perjudicarte. Y le encanta la palabra "sí". A mí también me gusta, es positiva... Ya que estás tan deseoso de saber cómo somos, ¿te parece bien contar la entrevista con Taty?*

Sí.

DIEZ

Dulce compañía

(Testimonio de hoy)

Se llama Maria del Carmen Soneyra pero sus amigos la llaman Taty, razón por la cual ustedes y yo la llamaremos así a partir de ahora.

—¿Y yo?

Está bien, vos también. Corrijo: ustedes y nosotros la llamaremos Taty. Al fin de cuentas, durante la entrevista, ella no sólo me vio a mí sino también a vos. Por otro lado, no creo que necesites mi autorización.

—Si no me tenés en cuenta es como si no existiera, no te olvides. Vos sos el dueño de tu libertad. Y eso incluye incluírme.

No estoy muy seguro de que "incluye incluírme" sea una frase gramaticalmente bien construída, pero lo dejo así porque —entre otras cosas— si entramos a discutir me va a ganar, como siempre. Volvamos a Taty.

Ella vive en Florida, en el Gran Buenos Aires, tiene 45 años, es casada, madre de dos hijos, buena católica, profesora de música en colegios secundarios, especialista en musicoterapia, usuaria de una voz acogedora y armoniosa que encaja totalmente con su profesión, de aspecto agradable y sereno, con una alegría que parece rondarle como si fuera una parte más de su cuerpo, con un entusiasmo contagioso, una fe poderosa y seria. Y ve a los ángeles. Taty ve a los ángeles.

171

—¿Vos ves los ángeles en toda la gente?

—En toda la gente no, porque yo no ando mirando a ver a quien le veo un ángel. A veces cuando estoy con alguien y nos enfrascamos en una charla espiritual es cuando ellos más se manifiestan. O cuando pido, porque yo pido todos los días por mi marido o por mis hijos ¿no? Y yo le digo, a la mañana, "Señor, te pido que tus ángeles los ayuden". Le agradezco y suele ser entonces cuando los veo. Y es cómico porque ellos van cambiando de lugar...

—¿Cómo son?

—No todo el mundo tiene los mismos ángeles. Yo no les veo alas a ninguno, por ejemplo. Son seres con distintos colores en su túnica. A veces se ven cosas... feas también. Creo que eso es parte de los pensamientos o de los problemas de la gente.

—¿Hay algún sitio donde abunden, por decirlo de alguna manera?

—Ah, no sabés lo que es en la iglesia, por ejemplo. Es un placer. Será porque uno se abre espiritualmente allí. Es bello, muy bello. Yo estuve en el Sagrado Corazón en París y... ah, no, eso es increíble. Me emociona el Sagrado Corazón. Es increíble...

—*Es cierto lo que dice. Me gusta Taty.*

Shhh, no te metas. A mí también me gusta. Cuando habló del Sagrado Corazón fue como si se perdiera de pronto en la memoria de aquello que vivió, se dulcificó más que nunca, estaba disfrutando el recuerdo.

—¿Qué pasó en el Sagrado Corazón?

—Es algo especial... Todas las iglesias están construidas de una determinada forma. Para construir el Sagrado Corazón de la ciudad de París un grupo de arquitectos estudió muchos libros antiguos para guiarse. No se puede creer lo que es eso. Uno se siente de una manera maravillosa ya desde la puerta misma... Está lleno de ángeles. Allí noté algo que ya había comprobado: yo no sé por qué ocurre pero es muy común que los varones amen mucho y tengan gran devoción por la Madonna, por la Virgen. Y las mujeres amemos profundamente a Jesús. Yo advertí eso hablando con mucha gente...

—Estoy sonriendo porque yo observé lo mismo. Amamos a los dos, claro está, pero es cierto lo que decís...

—El hombre se inclina especialmente hacia María. Mi marido ama a la Virgen del Rosario y yo a Jesús Misericordioso ¿te das cuenta? Yo pido mucho por mi marido porque es muy emocional y tiene un corazón que es una ternura. A mí me da la impresión que todo el mundo lo va a lastimar, por eso pido mucho por él. Un día, cuando empiezo a pedir, yo veo seis ángeles detrás de él y me digo "ah, la pucha, seis ángeles ¿por qué tantos?". Y últimamente veo que hay un ángel delante. Yo les digo a mi marido y a mis hijos lo que veo porque, si ocurre, es porque la gente tiene que saberlo, si no, yo no vería nada. Por ejemplo, decirte ahora que vos tenés tres...

—*No temáis. Acordate.*

Admito que me sorprendió como si me hubieran tirado un baldazo de agua helada en la espalda.

—¿Cómo es eso de que tengo tres?

—Tenés uno justo atrás tuyo, se ve que de una gran personalidad. Y los dos de los costados son como... custodios.

—¿De qué color? ¿Los ves?

—Sí. El que está detrás tuyo tiene ahora un color un poco oscuro. No es desagradable ¿eh? Es de una gran presencia. Es sólido. Y los dos de al lado son muy blancos, esos son los que te guardan en este momento, los que te cuidan...

—*Te ruego que aclares ahora ese punto para no hacerme quedar mal.*

Sí, tenés razón. Se lo conté a Taty y ella estuvo de acuerdo. Ese día en el que estábamos hablando y ella

vió a mi ángel Mariano como de una gran personalidad
pero con un tono oscuro yo estaba pasando por un momento difícil, una de esas etapas donde lo malo viene
en patota. Estaba triste y apesadumbrado. ¿Cómo podía estar, entonces, mi ángel? Lo curioso es que Taty
no tenía ni la menor idea de mis problemas. Pero sí
veía que Mariano no estaba bien. En cuanto a los dos
que aparecían a los costados, eran una especie de re-
fuerzo para decirlo fácil. Uno puede enviar a su propio
ángel para ayudar a otros que lo necesitan y no era nada extraño que alguien me hubiera mandado tan bien-
venida ayuda. A propósito: aquellos problemas, que no
eran de los menores, se fueron solucionando poco después. En aquel momento Taty seguía contando:

—¿Sabés qué es lindo, a veces, Víctor? Cuando uno
está muy cansado, muy agotado, con muchos problemas, decirle al ángel: "Te pido por favor que me abra-
ces"... El abrazo del ángel es la cosa más hermosa que
uno pueda sentir.

—¿Y cómo se consigue eso?

—Solamente tenés que quedarte quietito, pensar en
tu ángel, profundizar en tu fe y pedirle que te abrace. Y
es maravilloso.

—¿Vos ves siempre a tu ángel?

—Lo veo, sí. No sé por qué está siempre a mi derecha. Es muy dicharachero. Es un travieso... Yo lo siento siempre cerca y a menudo le digo cosas. Hoy, cuando venía para acá, iba manejando y le dije "¿qué hago?
¿me vuelvo a casa porque esto es muy íntimo mío o lo
doy a conocer? ¿qué hago?" Y lo escuché, porque se escucha dentro tuyo. "Dale, andá... Dejate llevar. Hacelo"...

—Cuánto me alegro. Pero, Taty ¿cuándo empieza
todo?

—No lo sé con exactitud. Yo, desde chica, siempre
fui una persona que se preguntaba cosas. "¿Cómo es
posible que alguien se muera, un cementerio y se aca-

bó? No. Hay algo más". Ya desde entonces adoraba a Dios y amaba a los ángeles. Eso de buscar más allá y de encontrar respuestas en la fe me viene desde siempre. Yo tenía ocho o nueve años y había armado un oratorio en el fondo de casa, ponía agua y le pedía a Dios que la bendijera, invitaba a mis amigos para que rezáramos y les daba de tomar el agua diciéndoles que Dios la había bendecido. Era chiquita, por eso creo que se me perdona semejante audacia, porque la hacía con total pureza. Cuando mi mamá se enteró me quería matar...

—¿Y cuándo descubriste al ángel?

—Recién con los años fui dándome cuenta de que mi relación con el ángel venía, también, desde chiquita. Pero en ese momento no me daba cuenta. Yo soy neuquina. A nosotros, desde chicos, nos han llevado a la cordillera. Cuando estábamos acampando yo me iba al centro del bosque, solita, me sentaba en un lugar donde no había nadie y miraba por entre los pinos como se filtraba el rayo de luz del sol. Al verlo, yo lo saludaba con mucho amor porque me decía a mí misma que en ese rayo de luz bajaba Dios y —en la pureza de esa edad— pensaba que bajaba a saludarme a mí. Mucha pretensión ¿no?

—¿Por qué? Tal vez lo hacía. La inocencia es un imán para eso.

—También recuerdo que, siendo muy chica, yo sentía que las plantas tenían vida y les hablaba con cariño. Y a los animales. Yo sentía que tenían un cachito de Dios adentro...

Sí. Todo tiene "un cachito de Dios adentro", como que todo forma parte de Su Creación. Hay gente que así lo entiende y no sólo siendo tan chiquitos. Y gente de peso, les diré. Recuerdo a San Francisco de Asís y su relación con los animales y con todas las cosas de la

175

Creación. El llamaba "hermano" y "hermana" a todo lo que lo rodeaba. Los pájaros de cualquier especie revoloteaban permanentemente a su alrededor, se posaban en sus hombros, comían de la palma de su mano y obedecían cuando Francisco les pedía que cantaran alabando al Señor o cuando les decía que hagan silencio por un momento porque metían tanta bulla en la misma iglesia que a veces no dejaban oir sus sermones. Y no sólo los pájaros sino todos los animales. En su biografía es muy popular el relato que cuenta que en el pueblo de Gubio, en Italia, había por aquellas épocas un lobo que aterrorizaba a la gente. Desde hacía un tiempo atacaba con fiereza a las ovejas e, incluso, a algunos pastores que intentaban defender a su rebaño. Al llegar Francisco al pueblo, donde todos sabían de su extraño don para tratar con los animales, le imploraron que hiciera algo para librarlos de aquella amenaza en cuatro patas. El santo se internó en los montes y buscó al lobo hasta encontrarlo. Al verlo se puso en cuclillas y, sin dejar de mirarlo con dulzura, le dijo: "Ven aquí, hermano lobo. Yo sé que no eres malo y que es el hambre lo que te impulsó a hacer lo que has hecho. Vamos, ven aquí..." El animal movió la cabeza mirando con desconfianza a su alrededor, olió el aire que los separaba, comprobó que estaban solos y se acercó lentamente al hombre en cuclillas que lo estaba llamando. Cuando llegó a su lado se acostó con el hocico entre sus patas, como un perro fiel. San Francisco le acarició la cabeza mientras le decía que no debía atacar más para conseguir su alimento y le proponía un trato: "Si tú dejas de hacerlo yo te prometo, hermano lobo, que los habitantes del pueblo te darán a diario de comer. Te doy mi palabra ¿estás de acuerdo?" El animal, feroz hasta ese momento, tendió su pata hacia la palma extendida del santo como si estuviera aceptando la propuesta. Francisco lo llevó al pueblo donde, a partir de entonces, el lobo vivió libremente, alimentado por los habitantes del lugar y transformándose en algo así como una mascota que cuidaba, incluso, a los chicos. El santo, con su don, apeló a ese "cachito de Dios" que está en todo y que es enorme cuando se trata de los hombres. Hay resultados impresionantes cuando a una persona que se ganó la fama de agresiva alguien le dice "yo sé que no sos malo, vamos a hacer un trato" y le da amor, por ejemplo, que tal vez sea lo que está pidiendo a los gritos con sus acciones violentas. Lo malo es que ¿para qué engañarnos? eso no se hace muy a menudo que digamos.

—¿Seguiste siendo así desde entonces hasta hoy?

—No. Cuando fui creciendo comencé a ver algunas cosas que me asustaron. Siempre me asustó y me dolió mucho ver a Jesús crucificado, por eso soy tan feliz de haber encontrado a la imagen del Jesús Misericordioso, que no está crucificado, no tiene más espinas en la cabeza, es muy bello y tiene las manos abiertas hacia todos, irradiando luz...

—A mí me ocurre, también, que me acongoja verlo en la cruz pero ese símbolo está para que no olvidemos su propio sacrificio.

—Por supuesto. Yo sé que lo hemos crucificado una vez, pero no lo hagamos más, basta. Si yo lo amo como lo amo prefiero verlo hermoso y lleno de paz, dándonos luz.

—De alguna manera, Taty, se lo vuelve a crucificar cada vez que el hombre hace alguna barbaridad.

—Sí, sin dudas. Pero los tiempos nuestros no son los mismos que los de allá arriba. La misericordia está siempre presente... Mirá, yo tuve dos despertares muy fuertes. Uno hace muchos años. Yo tenía ya a mis dos hijos, pero quería quedar embarazada y perdí cuatro embarazos. Estuve muy mal, muy mal, allí toqué fondo de manera total. En esa época vivíamos en el sur, en

Catriel, y yo me enojaba muchísimo con esas mujeres que dejaban en el hospital a sus bebés recién nacidos, no podía entender cómo era posible algo así aun cuando existieran problemas económicos porque no se puede abandonar a una personita. Y yo lloraba, vivía llorando... Hasta que me encuentro con un cura al que le digo ya desesperada: "¿Por qué no me dan un hijo? ¿por qué si yo lo quiero?". Y él me dijo: "El tiene otros planes para vos. El es tu Padre. Te ama. No veas daño en las cosas que te ocurren. Tiene un plan para vos que ahora no reconocés"... No me olvidé nunca de aquellas palabras. Hoy, cuando me ocurre algo, yo digo "bueno, Señor, te pido que me des claridad para saber cuál es el plan. ¿Qué tengo que aprender de esto que me pasa?"... Todo tiene un por qué detrás. Nosotros medimos todo en horas pero, de repente, el por qué de eso que te ocurre y en ese momento es muy duro, recién lo conocés con el tiempo. ¿Por qué a vos te dio un paro cardíaco?

—Me lo pregunté muchas veces, es cierto. Aquello que era tan difícil de vivir fue el paso inicial de los libros, de un cambio en mi vida.

—Ya ves... Yo, a veces, me he preguntado por qué puedo ver a los ángeles. Sencillamente porque tengo que contárselo a aquellos en quienes los veo, para que sepan que están protegidos. El mandato de Dios es enviarnos ángeles para servirnos. Por sobre todo en lo espiritual, pero también como un amigo que te protege ante lo que necesites. Si uno va a ver a alguien que está enfermo tiene que pedir con toda su fe que lo acompañen los ángeles de la curación y decirle a esa persona para que los deje actuar, que se abra, que crea en ellos...

—¿Hubo algún caso que conozcas con ángeles de sanación?

—Tengo un caso de una nenita que tenía leucemia. Digo "tenía" porque, gracias a Dios, se ha curado... Yo

178

me acerqué a esta chiquita, los niños que sufren... me matan. Yo le decía "decile a tu ángel que te agarre la mano". Y ella me miró y me dijo "yo tengo mi ángel, Taty". "No me digas, ¿cómo es?", le pregunté. Los niños les ven las caras. Nosotros, los adultos, casi nunca se las vemos pero los niños siempre. "Tiene rulitos", me contó. Le estaban haciendo un tratamiento muy severo, pobre mi amor, en el que tenían que inyectarle por vía endovenosa muy seguido. Entonces venía la doctora cuando ya le tocaba y ella le decía "esperá que llamo a mi ángel". Y la doctora se quedaba esperando con la jeringa en la mano mientras ella se ponía a hablar con el ángel durante un rato. Cuando terminaba, decía "bueno, ahora sí" y allí le inyectaban... Esto se repitió muchas veces. En ese momento tenía siete años.

—¿Y la chiquita cómo soportaba aquello?

—Para que tengas una idea, te cuento. Un día, en su casa, le pidió a su mamá, que es médica, que nos hiciera un té. Para quedarnos las dos solas, supongo. Y me dijo: "Yo hago lo que me decís y le pido al ángel que me agarre fuerte de la mano, pero yo sufro mucho, Taty". Yo no sabía qué decirle porque hay momentos donde los argumentos se te acaban. Le dije: "Cecilia, mi vida, ¿querés que hagamos una oración para pedirle a la Virgen que te alivie?"... Me miró muy seria y me dijo: "No. Yo sufro por los niños del mundo a los que matan con armas..." Mirá, Víctor, si vos hubieras visto ese despojo tirado ahí, sin pelo por la quimioterapia, demacrada, preocupándose por los niños a los que matan con armas.

—Y dando su propio dolor como ofrenda ¿no?

—En cierta forma, sí. Yo le dije que le recemos juntas a los ángeles de esos niños y ella me dijo: "Sí, porque a lo mejor esos chicos tienen tanto dolor que ni se acuerdan que tienen un ángel al que le pueden pedir"... ¿Te das cuenta? Aprendemos tanto de los niños, tanto. Y ella me enseñó eso, aparte de sobreponerse a su dolor.

—¿Y ahora está bien?

—Ahora está bien. Tiene que hacerse controles de cuando en cuando, pero está bien, gracias a Dios. Ahora tiene ocho años. Le ha crecido otra vez todo su pelo, está bien, va al colegio. Yo la amo. La amo.

—Me dijiste que en tu vida hubo dos despertares que te indicaron que había un plan divino y me contaste uno. ¿Cuál fue el otro?

—Al morir mi papá, hace seis años. Yo lo amaba profundamente y fue un golpe muy duro, me resistía a aceptar su muerte. Lloraba mucho y no encontraba consuelo. Un día yo estaba llorando sola, en casa, cuando de repente sentí en la habitación una presencia muy fuerte. Vi a una figura humana que me miraba con ternura y en silencio. No era algo como los ángeles, que veo más difusos, más sutiles. Era alguien que parecía tan real como vos ahora. No sentí miedo. En medio de mi desesperación le pregunté casi con enojo "¿por qué? ¿por qué tuvieron que sacarme a la persona que tanto amaba?". Esa figura solamente movió la cabeza de un lado al otro, muy despacio, sin dejar de mirarme. Luego desapareció. Yo me preguntaba por qué me decía que no con la cabeza y no encontraba una respuesta. "No" ¿a qué?... Lo hablé con un cura y todo cambió. Me dijo que no era un "no" lo que me decía aquella aparición sino que, por lo que yo le contaba, estaba moviendo la cabeza lentamente de izquierda a derecha con el típico gesto piadoso de quien está diciendo "no entendés", "no hay nada que hacerle, no entendés". Era exactamente lo que yo había visto y recién en la charla con el cura me di cuenta. Y entendí. Desde ese día dejé de ir al cementerio a ver a mi padre porque ahora sabía que no era allí adonde estaba. Mi padre estaba con mi Padre, el Padre de todos. Lo importante de él seguía estando conmigo y su muerte, como la de cada persona, también formaba parte de un plan divino por el cual mi papá ya estaba en la vida eterna. Había sido un hombre muy fuera de lo común, un sabio. No solamente me enseñó a vivir con dignidad sino, también, a pensar que uno debe morir con dignidad... Ese fue mi segundo despertar. No sé por qué tuve esa visión tan nítida, no lo sé, de la misma manera en que ignoro por qué veo a los ángeles.

—Taty ¿qué es el ángel, para vos?

—Tu amigo desde siempre y para siempre. Está en el nacimiento y te acompaña en la muerte. Mucha gente no se da cuenta que el saber que vos tenés seres que están con vos, es como que nunca más estás solo. El concepto de soledad lo inventó el ser humano, Dios no te deja que vos estés solo. Por eso te mandó... ¡mirá lo que te manda! ¡Angeles!

—¿Vos los ves con solo desearlo?

—No, para nada. Ellos se manifiestan cuando quieren. No puedo tener tanto ego como para pretender verlos cuando se me da la gana. Ocurre solamente cuando ellos lo deciden. A las personas mayores, por ejemplo, yo les veo a sus ángeles más elevados, por sobre ellos. No sé por qué. No sé si todo lo que te cuento vale porque es nada más que lo que me sucede. Ya te dije que tampoco les veo alas, yo no veo ángeles con alas.

—Es que las alas parecen ser una interpretación artística y simbólica. Es una manera de mostrar que pueden desplazarse rápidamente de un lado a otro. Si uno se atiene a su escencia, se supone que no las necesitan, son espíritu puro. Precisamente quería preguntarte ¿cómo se vé a un espíritu? ¿qué ves?

—Yo nunca me puse a analizarlo. Los veo y punto... Muy pocas veces les veo las caras. Solamente cuando están muy alegres o, a veces, cuando están preocupados... Otras veces lo que veo son chispazos, chispas de luz que parecen irradiar y que son muy lindas.

—Otra entrevistada para este libro (Susana López,

de General Madariaga) es muy parecida a vos, muy cálida, muy alegre. Y ella también me habló de chispitas, coincidiendo totalmente con lo que me contás.

—Es que se ven muy claritas. Como, a veces, los colores...

—¿Cómo son los colores?

—Cambian, depende de qué tipo de ángel sea. Los arcángeles están bien definidos. Gabriel, que es el de la Anunciación, es blanco como la pureza de sus misiones. Miguel, el defensor de Dios, es azul, que es el color de la protección. Tal vez sea una casualidad, pero ¿no viste que el uniforme de los policías es azul?... Rafael, el de la salud, es de un verde tenue. Otra casualidad, quizá, pero es el color de los delantales médicos...

—¿Hay algo que sepas que a ellos les gusta?

—Les gusta que la gente se lleve bien, les gusta la risa, la alegría, también la música, les gusta mucho la música. Y, especialmente, las campanitas, no sé por qué pero les encantan. Yo tengo en casa unas cuantas campanitas que tintinean suavecito con el viento y ellos están chochos. Esta pulsera que llevo ¿ves? es de cascabeles. Y, más que nada, me sirve si en algún momento hago un gesto airado, de enojo, y escucho los cascabeles para hacerme volver a la normalidad. Es como si me estuvieran diciendo "cuidado, ojo, no te pases"...

—¿Y qué pasa con los ángeles caídos, los del otro bando?

—Los ángeles caídos no tienen más fuerza que la que vos les quieras dar. Hay frases que son de una fortaleza increíble. Hay una que es como una muralla para protegerte, y yo la empleo: "Yo soy el Camino, la Verdad y la Vida. Dios gobierna mi vida, nadie más". Esa simple frase tiene una enorme fuerza, no te imaginás.

—¿Cómo se comunica uno con su ángel?

—Ellos están ahí, siempre. Para cuidarte, protegerte, acompañarte. Sólo hay un pequeño rito que hacer: pedirles. "Escuchame, necesito ayuda ya. Quiero que me digas qué hago". Y estar abiertos y expectantes. Cuando lo sentís dentro tuyo por primera vez, desde entonces lo vas a sentir siempre. Todo el mundo debería comunicarse con el ángel y recibirlo como lo que es, un mensajero de Dios. Un cirujano, antes de operar, debería decirle al ángel que le lleve la mano, por ejemplo. Vos, antes de escribir. Todos, en su trabajo, en sus casas, manejando, donde sea, deberían pedir al ángel que los acompañe y los guíe. Y también agradecerles, a ellos les encanta que les agradezcan.

—¿Hay algunos especialmente hermosos?

—Todos lo son, pero los que tienen una belleza insuperable son los ángeles del hogar, los de las casas. Es que están cuidando al lar, al sitio de la familia, nada menos, ¿cómo no van a ser bellísimos? Si uno empezara por dedicarle más tiempo y amor a la propia familia sería el paso fundamental para después ocuparse de los demás. El tiempo y el amor son dos regalos maravillosos que uno puede darle a otros. Y es importante que se empiece a dar en casa. Decir "te amo" a los que amamos, sin pudores tontos. Yo lo hago con mis alumnos, unos grandotes de diecisiete o dieciocho años que se ablandan todos cuando se los digo. Ojalá nos diéramos cuenta a tiempo de lo valioso que es eso, amar, creer... Me quedo pensando si estuvo bien que te contara todo esto.

—Es hermoso, Taty, lo que me contás. Y, por sobre todo, esperanzado. Además no hay nada en eso que se aparte de tu religión, la católica, sino al contrario. ¿Por qué esa duda, ahora?

—No sé. Mi única intención es que esto sirva para ayudar al que lo pueda estar necesitando, que nadie se sienta solo, que se acerquen más a su ángel y a Dios, que reciban la luz de esa imagen del Jesús Misericordioso con los brazos abiertos. Alguno, sin embargo, puede pensar que estoy loca, no sé... Pero yo no busqué nada de esto...

—Si eso es estar loco ¿a quién le importa ser cuerdo? Eso es estar viva, Taty. Y ayudar a que lo estén los demás. Gracias por eso y por tu coraje en testimoniarlo. Es mi turno de decirte que te amo.

Puede decirse que no es casual lo que le ocurre a Taty. Si ustedes la conocieran, la escucharan, notarían que rebosa amor hacia todo lo que la rodea. Además, desde muy chiquita se sentía cerca de lo trascendental, con sus oratorios infantiles y esa apertura total a la fe. Con su casi desesperada defensa por la vida. Con sus esperanzas que se mantienen intactas aún hoy, siendo una adulta, palabra que me suena horrible y en especial aplicada a alguien como ella. No sé si estás ahí...

—*Siempre estoy aquí. Y Taty me parece amorosa.*

Estamos de acuerdo. Inteligente, cálida, con un marido al que ama y dos hijos grandotes con mucho sentido de familia, profesora secundaria y musicoterapista, pero —por sobre todo— con esa dulzura y esa pureza que pareciera que es solamente para los chicos.

—*Después de todo, en el fondo, los adultos no son otra cosa que niños que compran cosas con dinero. Algunos olvidan que los sueños no tienen precio y allí es cuando la embarran.*

Pero no podés negar que, también algunos, otros, arman oratorios en el fondo de sus corazones para invitar allí a todos los amiguitos. Son el tipo de gente que hace a este planeta todavía habitable.

—*Es verdad. Benditos sean.*

Lo mismo digo del ángel de Taty que, cuando dudaba en hacer público lo suyo que es tan primoroso y privado, le hizo sentir aquel "dale, andá, dejate llevar, hacelo".

—*Bueno... en realidad, yo tuve una charlita con él...*

Decididamente tengo que aumentarte el sueldo. A partir de este instante te voy a dar un 50% más de amor y otro tanto de fe y esperanza. Es un montón ¿eh? ¿En qué los vas a usar?

—*En vos, galaico. En vos.*

ONCE

No me desampares, ni de noche ni de día

(Preguntas y respuestas)

Monseñor ROQUE MANUEL PUYELLI es un animal.

Tiene la ternura de un cachorro, que nos ama de manera juguetona y entregada, con ese amor porque sí, que no pide nada a cambio.

Tiene el sentido de la libertad de un quetzal, esa bellísima ave de Sudamérica que es todo un símbolo porque —simplemente— muere si se la enjaula, aun cuando se le den todos los cuidados.

Tiene la astucia de un zorro, que deja avanzar pero hasta un cierto punto, poniéndose peligrosamente en alerta si uno está demasiado cerca de la cueva donde está todo lo que ama.

Tiene la sabiduría que se atribuye a los búhos, a los que nada se les escapa en su mirada alerta, conocen secretos maravillosos y emiten sonidos solamente cuando vale la pena que sean emitidos.

Tiene la fuerza un león, que parece descansar amodorrado pero —cuando las papas queman y el enemigo se acerca— se levanta imponente y con un rugido pone las cosas en su lugar para que no hayan dudas.

Tiene la lealtad de un buen perro ovejero, para quien su amo es su amigo y su amigo es su amo, razón por la cual puede abandonar su natural calma y mostrar los dientes si algo amenaza a los suyos.

Víctor Sueiro

Tiene la majestad del cóndor, con su profunda pertenencia a esta patria y esa familiaridad con la que sobrevuela por los sitios más altos, sabiendo que pertenece a ellos pero con naturalidad, sin soberbia.

Tiene la experiencia de los elefantes que más han vivido, aquellos a los que el resto de la manada siguen sin chistar porque saben que conoce los mejores ríos, los mejores pastos, los peores enemigos.

Y tiene, también, todo lo bueno de ese otro animal que puede lograr ser el más noble de la Creación si usa su inteligencia, el hombre.

Como digo, mi muy querido amigo Puyelli es un animal. Y, en rigor de verdad, no conozco muchos como él, lo cual es una pena.

Lo menciono a menudo cuando escribo, no sólo por mi entrañable cariño hacia él sino por el que siento, también, por ustedes. Oírlo suele ser un regalo y por eso lo comparto. Profesor universitario, director y fundador del Instituto de Estudios Mariológicos y de la Asociación Mariológica Argentina, editor y director de la revista "Ave María", Capellán Mayor de la Fuerza Aérea y el hombre que ha de tener, tal vez, el récord en cantidad de grupos de oración organizados por él. A veces me pregunto si tiene tiempo para dormir o hacer pipí, cosa que los monseñores también hacen a diario.

Monseñor Roque Puyelli es, además, el mayor angelólogo que hay en el país y uno de los más importantes del mundo. Por supuesto estoy hablando de angelólogo en serio, un apasionado estudioso desde el pulcro e inobjetable punto de vista de la religión. Ya se sabe que, en estos temas, la prudencia siempre es poca. Hay presuntos conocedores que, de puro ignorantes o directamente por mala fe, entran a la casa de la investigación seria con los pies llenos de barro o, a veces, de bosta.

El ángel

Fue mi amigo Roque Puyelli quien puso la piedra fundamental de este librito. El me descubrió la existencia del ángel en su real magnitud hace unos tres años y, desde entonces, no sólo tomé conciencia de esa presencia sino que se transformó en una obsesión reunir todos los datos serios posibles para que esto que hoy ustedes tienen en sus manos sea algo concreto. En "Poderes" (1992) ya había un capítulo entero dedicado al tema y en el cual, cuando yo le pregunto a Roque: "¿Qué se supone que podemos hacer por nuestro ángel?", él me responde toda una definición: "Hacerte amigo. Y ponerlo a laburar por vos. Eso lo hará feliz".

Esa docena de palabras sintetizan lo que se repite, con tono más pomposo y adusto, en las miles de páginas que leí luego. Pero siempre hay algo nuevo que aprender con mi amigo Roque.

—*Y Manolito. No te olvides de Manolito.*

De acuerdo. Y Manolito, que es el cariñoso nombre que Puyelli le dio a su propio ángel custodio hace ya muchos años. Manolito, tu amigo.

—*Y a mucha honra.*

¿Ustedes tienen honra? No, no te enojes, ya sé que la tienen, pero lo que quiero decir es ¿necesitan ganarse ese tipo de cualidades tan humanas? ¿No las tienen desde su creación, de manera natural?

—*¿Acaso ustedes no? El problema es que algunos las pierden pero, al nacer, ustedes también son un ramillete de cualidades, tan llenos de pureza, tan limpitos, tan lindos, inocentes, dulces, tan cuchuchis, sanitos, me los comería a besos, pupurris míos, pedacitos de...*

Pará, pará. ¿Qué es eso de "cuchuchis", "pupurris"? ¿Idioma angélico? ¿Qué es eso de ponerte tan reblandecido, de repente?

—*Es que los bebés me pueden, me pongo tonto con ellos, me abomba tanta cosa maravillosa y pura como una lágrima, tanto milagro. Y hasta les digo palabras inventadas como esas porque no encuentro otras. Son, co-*

191

mo dicen ustedes, angelitos. Y no están tan lejos de la verdad.

Y un angelito ¿es perfecto?

—*No, por supuesto. La única perfección total la tiene Dios. Los ángeles somos libres, ya te dije. Y, por serlo, podemos elegir corrompernos, aunque no es ni fácil ni común que eso ocurra. Sería algo muy necio dejar la Luz para abrazar las tinieblas. Los humanos, disculpame, lo hacen a menudo porque se marean con el dinero en exceso; la ambición desaforada; el sexo tipo animalito, sin amor; el poder por el poder; el egoísmo del sálvese quien pueda; la violencia que desprecia a la vida y mil desviaciones más.*

Si querés te ayudo: la compulsión por el dinero fácil, que suele estar acompañada por el ejemplo que se da desde los gobiernos en casi todo el mundo; la ostentación para aquellos que viven entre lujos, también con el mismo origen anterior; las drogas que mueven fortunas y mantienen un poder fantástico dentro del mismo poder; las sectas que ensucian la idea de la fe queriendo usarla; la miseria de buena parte del planeta que hace a los hombres esclavos o fieras; el fanatismo político o religioso y un montón de etcéteras así de grande, entre los que no quiero dejar afuera a los energúmenos dentro de nuestra propia Iglesia que —en casos, por suerte no demasiados— están tan lejos de los fieles que parecen vivir en otro planeta. Por eso decía, al principio de este librito, que debo estar loco para meterme a escribir sobre los ángeles en semejante mundo, donde más de cuatro se van a reír con sorna de estas cosas mientras siguen juntando objetos palpables a cualquier costo y sobreviviendo en lugar de viviendo. Pero están los otros, los que entienden y sienten les pase lo que les pase. Los sanitos, los puros, los inocentes. Para ellos escribo, porque son los que están vivos. Los materialistas, racionalistas, escépticos y todo eso pueden irse a...

—¿Cómo?

A la iglesia más cercana. Pueden irse a la iglesia más cercana o tratar de encontrar a su propio espíritu para amigarse con ellos y con Dios.

—*Ah...*

Pero no podés negar que son los que complican todo. Además, parecieran estar chistándole a Dios para que se calle.

—*Tienen una gran confusión, pobres. Hay que esperar que entiendan. La fe no se puede imponer a las patadas sino a las caricias. Cada uno de ustedes vive vidas distintas en la tierra, algunos con opulencia y otros con pobreza, pero creer es para todos si así lo eligen. Los seres libres nunca son perfectos pero tienen algo extraordinario que los hace diferentes: pueden elegir buscar la perfección. Es en esa lucha donde está el verdadero acercamiento a Dios.*

La vida sería casi como un largo viaje en tren con muchas paradas, en cada una de las cuales uno debe tomar decisiones, elegir. O, tal vez, como el jueguito de la búsqueda del tesoro, en el que uno va pasando por cada prueba para alcanzar el premio.

—*Algo así. O, si querés hacerlo más cercano a la vida terrena actual, digamos que es como una larga vuelta en una gigantesca montaña rusa. Vas a andar por momentos en un tramo llano, yendo despacito; luego irás subiendo lentamente; de pronto vas a caer en una picada velocísima pero después vendrá otro llano, una curva, te sentirás cabeza abajo, creerás que vas a salir volando y se alternarán la calma, la expectativa, el susto, la risa, la ansiedad, la alegría. Si tenés bien puesto el cinturón de seguridad vas a salir bien de todo. En la vida de ustedes el cinturón de seguridad es la fe. Cuando tenés más miedo por una de esas caídas vertiginosas es cuando más apretado debés tenerlo, pero sin sacártelo en el llano tranquilo porque nunca se sabe qué voltereta inesperada está por sucederte. La fe de la que hablo no se demuestra solamente con ir a misa los domingos o cum-*

plir los preceptos. Es algo permanente, como un sexto sentido que acompaña donde y cuando sea.

Está clarito y es muy cierto, pero yo te pregunté sobre los ángeles y vos te la pasaste hablándome del hombre. Como siempre, manejás la cosa a tu gusto. Ahora decime, al fin, cómo son ustedes.

—*Nosotros tenemos algunos atributos que nos son propios y, además, todos los que tienen los hombres. Santo Tomás, en la Suma Teológica, nos define como "criaturas totalmente espirituales, sustancias completas, superiores al hombre e inferiores a Dios, con una enorme capacidad de inteligencia y amor". No quise ofenderte con eso de "superiores al hombre", sabrás entender...*

Sí, claro. En primer lugar, por supuesto que lo admito y, además, vos te escudás en lo que dijo el Doctor Angélico, nada menos. Santo Tomás.

—*¿Y en quién querés que me apoye? ¿En Agatha Christie? Por otro lado uno se siente un pigmeo ante alguien como Tomás de Aquino, pero si un pigmeo se sube sobre los hombros de un gigante —como en este caso— alcanza a ver tan lejos como él...*

Bueno, ya me hiciste ir de tema. Ahora entiendo de dónde me viene esa tendencia a irme por las ramas que me persiguió en todos los libros.

—*Pero nos salieron bastante bien ¿no?*

¿¿NOS salieron?? ¿Qué es eso de "NOS salieron"? El que trabaja hasta catorce horas por día para cada libro soy yo.

—*Y yo, con vos, trabajo veinticuatro horas por día. Pero sin quejas. Veinticuatro horas, ¿o vos te crees que la lucha entre el bien y el mal se toma descansitos o duerme la siesta?*

¿Qué es el bien?, a ver... Ya que te metiste solito, dame una definición fácil, rápida y sencilla del bien y del mal.

—*¿Fácil, rápida y sencilla?... Bueno. El bien es amar*

194

a Dios, a sí mismo y a todos los demás sin distinciones. El mal es cualquier cosa que se interponga en ese amor.

No uses ese tono de sabelotodo que me pone nervioso. Y no te rías porque te siento aunque te estés tapando la boca.

—*Error. No tengo boca. Soy puro espíritu, no te olvides.*

Pero hubo casos en los que algunos de ustedes se corporizaron. Rafael, por ejemplo, en la historia bíblica de Tobías que ya contamos. Incluso hay quienes dicen que hay ángeles hoy día entre nosotros, con figura humana pero sin que **pod**amos darnos cuenta. Contame.

—*Sin comentarios.*

Má, sí, otra vez con el hermetismo. Yo te voy a contar una historia de corporización de un ángel que no vas a poder negar porque es histórica. El protagonista es Don Bosco, San Juan Bosco, el fundador de los salesianos y uno de los hombres que más se ocupó y se preocupó de los chiquitos y los adolescentes. Un fenómeno, Don Bosco. Quien, a propósito, es llamado así porque en aquella época —mediados del siglo pasado— "Don" era una forma honorífica que solía reservarse para los sacerdotes. Este curita tan fuera de lo común está, también, muy ligado a lo sobrenatural, pero de eso vamos a hablar luego. Ahora nos importa lo de su ángel de la guarda corporizado. Resulta que Don Bosco vivía, con su mamá Margarita y un montonazo de chicos a los que daba comida y educación, en un barrio de las afueras de Turín, en Italia. Un lugar apartado y hasta algo tenebroso, al cual se llegaba desde el pueblo recién después de atravesar un bosque no menos lúgubre. El curita, por su parte, había recibido ya varias amenazas de los enemigos de la Iglesia que habían advertido en él a alguien que no aflojaría al defenderla. Esto era por 1852 y la cosa estaba bastante pesadita, en especial con los masones italianos. Una noche caminaba por ese bosque rumbo a su casa y con un cierto temor por esa soledad y esas tinieblas. Cuenta su biografía que se encomendó a Dios y a su ángel y siguió metiéndose en la espesura. De repente, apareció frente a él un enorme perro de color gris que debía tener cerca de un metro de altura hasta sus orejas erguidas en alerta. No debe ser muy elegante eso de contar el susto que se pegó un santo, pero así fue. Era humano, al fin de cuentas. Sin embargo, el perrazo le movió la cola amistosamente y lo único que hizo fue ponerse a su lado para acompañarlo hasta la casa. Desde ese momento, Juan lo llamó "Gris". Pero el perro se fue ante la pena del hombre. En "Una biografía nueva de Don Bosco", escrita por el salesiano Teresio Bosco (que no tenía parentezco con el santo), el autor cuenta que en otra ocasión dos hombres atacaron al sacerdote cubriéndole la cara con una capucha y disponiéndose a darle una paliza cuando, como de la nada, apareció "Gris" que saltó sobre los forajidos que deben haberse hecho pis encima de puro miedo mientras huían como lagartijas asustadas. Otra vez el gigantesco perro acompañó al santo cura hasta su casa y otra vez se fue tranquilamente una vez cumplido su cometido. Esta situación se repitió durante mucho tiempo y, a veces, "Gris" se quedaba un rato dando vueltas por el oratorio para luego irse como siempre. Algo que extrañaba a todos los que ya se habían familiarizado con él e incluso a su propio protegido era que jamás aceptó un bocado aunque se le ofrecía comida muy a menudo. Cuenta el biógrafo que, en una oportunidad, Don Bosco fue a salir de su casa para dirigirse al pueblo y se encontró a "Gris" acostado cuan largo era en el umbral de la puerta. El sacerdote quiso hacerlo mover pero sin resultado. Pretendió, luego, saltar por sobre el gran animal, pero —por primera y única vez— el perro mostró sus dientes y gruñó amenazante. No pudo salir. "Gris" no lo dejaba y se quedó allí hasta que Juan decidió aplazar su caminata y se fue a dormir. Al día siguiente el perro no estaba, pero Don Bosco se enteró por varios amigos suyos que la noche anterior unos hombres habían estado esperándolo, armados con revólveres, para asesinarlo.

La época del miedo y las amenazas fue pasando en la vida del santo, hasta que todo se calmó y fue entonces cuando "Gris" se fue para ya no volver. Veinte años más tarde, la baronesa Azelia Fassatti, que conocía la historia del perro como muchos otros, le preguntó a Don Bosco si tenía una explicación para aquello. Y el sacerdote respondió: "Si le dijera que era un ángel, seguramente se reiría de mí. Pero puedo decirle que no era un perro común". No caben dudas de que creía que, en efecto, se trataba de un ángel mandado para protegerlo, pero no se atrevía a decirlo abiertamente porque hubiera sido sumar un nuevo problema a los muchos que el pobre debió soportar. ¿Lindo, no? ¿Estás ahí?

—*Siempre estoy aquí.*

Ya sé, pero tengo que preguntar porque no te veo, ya te lo dije.

—*Tampoco ves al aire pero sabés que está ahí y que, sin él, morirías en pocos minutos.*

Un poquito… ¿qué te cuesta? Aparecé. No es que dude. Quiero maravillarme.

—*Si eso es lo que querés mirá a tu hija, a tu mujer, a tu madre, a tu familia, a tus amigos, a cualquier persona que pase por la calle, al fuego, al agua, al cielo, a tus manos.*

Siempre te escapás de algunas preguntas. Pero hay santos, beatos, bienaventurados y profetas que los describieron. Yo los leí.

—*Muy bien, hagámoslo al revés. Yo soy el periodista que pregunta sobre los ángeles y vos me contestás de acuerdo a lo que aprendiste. ¿Sí?*

Y bué. Dale.

—*¿Cuánto viven los ángeles?*

Son inmortales. No por su naturaleza sino porque Dios los creó de esa forma. Viven eternamente, aún aquellos ángeles de tinieblas que son tus enemigos y los míos. A propósito, yo me pregunté a veces ¿uno no se aburre de la inmortalidad?

—*Si viviéramos en un mundo como el de ustedes por supuesto que ya nos hubiéramos aburrido, pero esto es otra cosa, galleguín. Además, quedamos en que soy yo quien pregunta... ¿somos varones o mujeres?*

Ninguna de las dos cosas. Son andróginos, es decir que son varones y mujeres al mismo tiempo que no son ni una cosa ni la otra. Por eso uno puede atribuir a su ángel el sexo que quiera y no se va a equivocar. En Bizancio, hace un montón de siglos, se la pasaron discutiendo el sexo de los ángeles durante un tiempo increíble para un tema que —en realidad— no tenía mayor importancia. De allí surgió que se llama hoy mismo "una discusión bizantina" a toda aquella en la que lo que se debate es una pavada, algo sin trascendencia.

—*A propósito de debates ¿tenemos alas? ¿sí o no?*

Sin dudas las dos respuestas son válidas. Al principio me desconcerté mucho con este tema en apariencia trivial, porque me pregunté para que pueden necesitarlas si son espíritu puro. Sin embargo hay una gran cantidad de menciones bíblicas y en otros libros sagrados de diferentes religiones donde se los describe alados, incluso con muchos pares de alas. Al mismo tiempo hay otros pasajes donde un ángel no muestra tenerlas, como en el caso de Rafael y su viaje con Tobías. Pero cl asunto de las alas se repite y se repite en textos serios de todo tipo. Creo que, por algo, los artistas que los pintaron o esculpieron les han puesto alas en casi todos los casos. Imaginación, tal vez, pero ya quedó en claro que eso —"imaginación"— es un regalo de ustedes a nosotros y no van a andar regalando cosas falsas. Opino que las tienen y pueden no mostrarlas cuando lo desean, siempre hablando de apariciones o corporizaciones y dependiendo de cada caso. Tienen poder para eso y mucho más.

En lo personal, me gusta la idea de pensarlos con alas. Es poética. Y ustedes, al fin de cuentas, son algo así como poesía en movimiento.

—*¿El ángel sabe de antemano lo que va a hacer su custodiado?*

No, no lo sabe. Si lo conoce mucho —cosa que casi siempre ocurre— puede intuir lo que hará de la misma manera en que un padre, una madre, un hermano o un amigo suelen hacerlo. Pero no tiene poder para leerle los pensamientos por anticipado. Pueden saber lo que yo pienso en este instante, que es la manera de oírme, pero no lo que voy a pensar dentro de un minuto. No son Dios.

—*Claro que no. Pero tienen un cierto poder ¿no?*

Tienen un gran poder, no te hagas el humilde. Pero siempre subordinado a Dios y a su hijo Jesucristo, para los que somos cristianos. Por razones que forman parte del misterio, reciben a veces mandatos divinos y el poder que Dios les da para cumplirlo. Un poder que, en el caso de los Custodios, usan para proteger en ciertas ocasiones o para hacer que el mortal sienta determinadas cosas a través de la intuición, por ejemplo. O la imaginación, como en esto que estamos haciendo juntos.

—*Me alegro que me incluyas, estoy muy feliz aunque me llames "imaginación".*

Se me escapó.

—*Está bien, no importa. Podés volver a llamarme Mariano o como gustes.*

No. Digo que se me escapó eso de incluírte. No me di cuenta.

—*Seguí con lo del poder...*

También tienen poder para dotar a sus custodiados de algunos dones. Están muy presentes en los profetas, los santos, los sanadores y, especialmente, en los chiquitos. A veces actúan a través del cuerpo de una persona. He leído muchos casos donde hubo gente que adquirió una gran fuerza física que nunca habían tenido ante un hecho en especial. Hace un par de años, por ejemplo, una mujer norteamericana salió en todos los diarios porque levantó las ruedas de un camión que estaban aprisionando a un hijo suyo, salvándole la vida. Cosas así. Pero jamás se les ocurriría competir con Dios. Y a nadie se le tiene que ocurrir jamás, tampoco, exagerar una absurda idolatría por los ángeles. San Pablo ya se enojaba mucho con este asunto y decía que era deplorable tanta devoción por el ángel en lugar de acercarse a Cristo.

—*¿Eso significa que San Pablo no creía en los ángeles?*

Vaya si creía. Uno no se enoja con algo inexistente, sería muy tonto. Y San Pablo era todo lo contrario. Además no se enojaba con los ángeles sino con los que los adoraban, los que exageraban. Hacerlo sería, con todo respeto, como levantarle un monumento al cartero porque nos trajo una buena noticia. El mismo nombre lo dice, ya lo aclaramos: ángel significa mensajero, enviado. Y los que mandan las cartitas son el Padre, el Hijo y el Espíritu Santo. Dios, para nombrar a los tres con una sola palabra.

—*¿Y para qué sirve un ángel? ¿Es el que hace los mandados?*

No te ofendas, yo no dije eso. ¿Por qué ese tono, ahora?

—*Porque lo que decís es cierto, pero la manera en que lo escribís da toda la sensación de que uno es un juguete a pilas. Siento que me tratás medio mal y me da miedo que dejes de quererme...*

Discúlpame. Cómo voy a dejar de quererte, Marianito. Lo que pasa es que me pone nervioso esto de que me estés tomando examen. Hagamos las paces. Vení y dame la mano.

—*No tengo manos. Y no me hagas trampitas con eso de "vení"*...

Está bien. Al primer desconocido que encuentre por ahí le voy a dar la mano y voy a saber que sos vos corporizado.

—*Hecho. Sigamos... ¿para qué sirven los ángeles?*

Tienen dos funciones fundamentales, para mi religión. Una es la contemplación, la adoración y la alabanza a Cristo y, a través de El al Padre, a quien "siempre ven el rostro" como dijo San Mateo. La otra función es acompañar al hombre, protegerlo, defenderlo del mal, ser sus benefactores y darles coraje. ¿Qué más puede uno pedir?

—*¿El ángel tiene inteligencia propia?*

Mucho más poderosa que la del hombre y mucho menos que la de Dios. Al humano se le perdonan sus macanazos porque su inteligencia no es tan abarcadora, tan grande. A los ángeles no se les perdonaría la deslealtad o la traición porque —con su enorme inteligencia— tienen un conocimiento mucho más pleno y perfecto del bien y del mal. Y ellos eligen porque son libres para hacerlo. Esto lo dijo Juan Pablo II en una audiencia general de 1986, agregando que "Dios quiere que en el mundo se realice aquel amor verdadero que sólo es posible sobre la base de la libertad". Dijo, también en esa ocasión, que "los espíritus puros tienen un conocimiento de Dios incomparablemente más perfecto que el hombre". Los ángeles saben que la razón es un buen instrumento pero nunca algo así como un dios pagano. Hay que usarla, no venerarla. Es curioso que los que mejor parecieran entender eso son los más racionales, los más inteligentes. En el libro de Sor María Pía Giudici que ya mencioné ("Los ángeles"), la monjita cuenta el caso de Thomas Elliot, uno de los mayores estudiosos de la informática en los Estados Unidos. Un hombre que conoce las leyes del "cerebro electrónico" como yo puedo conocer la tabla del uno. Un científico altamente reconocido. Este señor tiene una hermana que estudia en Italia para obtener su doctorado en estudios bíblicos. A ella le escribió una carta pidiéndole que le mandara escritos serios sobre los ángeles. María Pía reproduce uno de sus párrafos:

"Precisamente porque me intereso en una ciencia que trata de agilizar la comunicación entre los hombres, quiero conocer a los ángeles y saber de su misterioso influjo que, como mensajeros de Dios, ejercen entre los hombres."

Otro indiscutible hombre de ciencia que terminó volcándose cada vez más, con el paso de los años, hacia lo espiritual y lo religioso fue Albert Einstein, no sé si les suena. El cientificismo es el fanatismo idiota de la ciencia. El científico prueba todo, incluyendo lo que sabe que está más allá de la razón pura; el cientificista opina que lo que no entiende con su razón, simplemente no existe. Como, por lo general, no se destacan por su inteligencia, lo que existe para ellos es poco y —lo que es peor— pobre, muy pobre. En lo personal, me ocurre desde el primer libro que aquellos científicos que se interesaron por estos trabajos, esos que no han tenido ningún problema en que recogiera sus testimonios de fe e, incluso, su aceptación de lo sobrenatural, han sido los más destacados no sólo en nuestro país sino a nivel mundial. El doctor Luis de la Fuente, una eminencia internacional en cardiología hemodinámica; el doctor Raúl Matera, siempre recordado como uno de los mayores profesionales en neurología; su colega Hugo Skare, doctorado en neurología y psiquiatría —algo muy poco común— e invitado especial a infinidad de congresos médicos en el exterior; el doctor Santiago Valdés, excelente psiquiatra y gran luchador contra el SIDA que fuera uno de los veinte finalistas para el premio Nobel de la Paz en 1992; Don Ernesto Sabato, que dejó su doctorado en Física para bien de la Literatura y del pensamiento humano; el doctor Hugo Beltrán, un clínico que es un lujo; el doctor Raúl Tear, un torbellino apasionado por sus semejantes; son algunos de los muchos hombres de ciencia que demostraron estar más allá de lo pequeño, como sucede sólo con los grandes. Casi todos ellos han sido profesores universitarios y han dado sus testimonios sabiendo que la razón es importante, pero que el hombre es mucho más que un amontonamiento de músculos, huesos y sangre. Lo mismo ocurre con sus importantes colegas del resto del mundo. Tuvieron y tienen las cosas claras, sin temor a la crítica porque están en el tope, mirando hacia abajo pero sin soberbia, con seguridad en lo que saben y lo que sienten. Tienen carácter.

—*¿Y cómo se supone que es el carácter del ángel, su forma de ser?*

También Juan Pablo II, en otra audiencia general, dijo que "Dios es espíritu. Los ángeles son, desde este punto de vista, las creaturas más cercanas al modelo divino". ¿Qué tal? No tengo amigos, yo. Por otra parte la idea generalizada aún en ciertos teólogos y estudiosos del tema es que —como espíritu puro que son— su accionar es alegre, casi festivo, hasta puede decirse que travieso y que sólo entristecen ante las bobadas que haga su custodiado o la propia tristeza de éste ante los problemas naturales de la vida. Son juguetones y me consta. A veces, muy juguetones. Demasiado, diría.

—*No me doy por aludido, soy un periodista serio que no debe entrar en polémica con su entrevistado, al que ahora le pregunto si siempre los ángeles han sido llamados así...*

En las religiones que han llegado hasta nuestros días sí. En otras, que fueron importantes pero que declinaron con los siglos, se tenía una idea muy similar a la del ángel aunque se los consideraba como otras cosas. Los egipcios, por ejemplo, rendían culto a una gran cantidad de espíritus a los que honraban pero siempre por debajo de las divinidades. Lo mismo ocu-

rría en la Mesopotamia de la antigüedad donde se atribuía a estos espíritus una enorme influencia en la vida
cotidiana. Los persas, unos dos mil años antes de Cristo, eran fieles de una religión muy digna y poderosa
dentro de la cual la figura del ángel —el del bien y el
del mal— estaba claramente definida. Para los griegos
y los romanos, cuyas creencias eran muy similares salvo el cambio de nombres que daban a sus dioses, era
muy fuerte el culto a los que consideraban "genios de
la naturaleza": el de las lluvias, el de las cosechas, el de
los partos, el de la protección personal y muchísimos
más que eran algo así como los intermediarios con las
divinidades. Sus mensajeros, una vez más. Para Platón
la cosa era así de clara, agregando que estos espíritus
estaban destinados a conducir al hombre por el camino
del bien. Aristóteles afirmó, por su parte, que —además de los dioses— "hay sobre el cielo seres no sujetos
a alteraciones o pasiones, que viven una vida óptima y
eterna". Si hubiera conocido la palabra y el concepto de
"ángel", así los hubiera llamado porque no hay diferencias. Mucho más cerca en el tiempo, hemos visto decenas de películas donde los sioux, los apaches, los comanches —y también nuestros aborígenes, aunque sin
Hollywood que los promocione— creían con fervor en
los espíritus que podían cuidarlos aun cuando dejaban
en claro que eran sólo "ayudantes" de los dioses a los
que adoraban. Nuevamente los intermediarios entre lo
Superior y los hombres. Los ángeles, se los llame como
se los llame.

—*¿Pueden estar en dos lugares al mismo tiempo?*

Uno puede pedirle a su propio ángel que vaya a reforzar al de alguien que lo necesita por algún motivo.
También —como contamos que lo hacía el Papa Juan
XXIII— lo puede enviar a cualquier persona con la que
tendrá una entrevista importante, para que todo se
deslice luego mejor. Pero San Juan Damasceno, un
gran teólogo de la iglesia católica griega que murió en

el siglo VIII, escribió en su "Exposición de la fe ortodoxa" que: "El ángel está circunscripto a un lugar. Cuando está en el cielo no puede estar en la tierra y viceversa". Lo que no aclara es si en alguno de esos sitios —la tierra, por ejemplo— puede estar en dos lugares. Es lo más posible porque, de lo contrario, cuando uno le envía su protector a alguien se quedaría más solo ante el enemigo que un boxeador al que le retiran el banquito cuando suena la campana.

—*Pero ¿hay algo que le impida el paso al ángel?*

Nada físico. El mismo San Juan Damasceno afirma teológicamente que "no están condicionados por paredes, por puertas, por rejas o por sellos; no se ven impedidos por ningún límite definido". Es lógico tratándose de espíritus puros. Lo único que puede interponerse ante un ángel de Luz es uno de las tinieblas, cosa que ocurre de manera muy habitual y ahí te quiero ver. Bah, "ver" es una manera de decir, no estoy poniéndote otra trampita para que aparezcas. Me refiero a que ahí la lucha es del ángel, con todo y al mango. Uno es, apenas, el campo de batalla o —lo que es mucho más peligroso— el trofeo.

—*Ya que hablaste de verlos ¿realmente hay quienes pueden tal cosa?*

Sí, los hay. Los hubo históricamente en muchísimas ocasiones y hemos visto en este mismo librito que gente muy calificada e inobjetable relata sus visiones angélicas. Lo que da como un certificado de garantía a esas personas es que no practican ningún rito para que eso ocurra ni reciben las visiones cuando a ellos se les da la gana sino que suceden de manera espontánea, prescindiendo de su propia voluntad. El mismo Damasceno ya escribía hace mil doscientos años: "Cuando los ángeles se aparecen a aquellas almas dignas a las que Dios quiere mostrarlos, no se hacen visibles como son en realidad sino mudados en una apariencia distinta, conforme a la capacidad de aquellos que los ven". La voluntad de que aparezcan no es de los humanos ni de los propios ángeles, es de Dios solamente y por razones que la razón no entiende. Ni falta que hace, porque una cosa es mostrar las maravillas de la fe y muy otra es querer un mano a mano con Dios para entender.

—*Ah, muy bien. Me alegro que te des cuenta, finalmente.*

¿Cómo? ¿Y el asunto ese de que eras un periodista serio que no quería polemizar con el entrevistado?

—*Se me escapó, de pura emoción. Tu ansiedad por saber más y más sobre los misterios de la fe me hace sentir, a veces, la piel como papel de lija...*

No tenés piel.

—*Es una manera de decir. Ahora que soy yo el que entrevista, se puede decir que es una licencia literaria.*

¿Así que hasta te tomás licencias literarias? ¿Qué sabés vos de entrevistar o de escribir? ¿Qué antecedentes tenés?

—*¿Y qué tiene que ver? Louie Armstrong nunca estudió música y mirá como tocaba la trompeta.*

Más que mirar escucho, en realidad.

—*Es otra licencia literaria... Tampoco Keops era arquitecto pero hizo construir la más grande de las pirámides de Egipto.*

Claro. Yo vengo a ser tu esclavito que arrastra penosamente las palabras durante catorce horas diarias para que vos construyas la pirámide de tus pensamientos. Me siento fantástico.

—*Bueno, no nos vayamos por las ramas como Tarzán.*

Eso lo escribí yo hace como tres libros atrás.

—*¿Y quién te crees que te lo sopló? No importa. Sigamos. Me gusta esto de ser periodista. Digame ¿usted cree que los ángeles saben el futuro?*

En primer lugar, no es imprescindible que me trates de usted para que esto sea una entrevista seria. En cuanto a la pregunta, la respuesta es sí, por lo que se sabe. Hay un poder premonitorio muy grande en los ángeles, lo cual no es nada como para volverse loco de asombro ya que aun en los humanos existen de manera natural las precogniciones. En un capítulo que vendrá luego hay un caso maravilloso donde el tema queda en claro. Los ángeles viven en una dimensión que no tiene tiempo ni espacio, lo que significa que abarcan el ayer, el hoy y el mañana de un solo golpe. No pueden conocer lo que pensamos ni lo que vamos a hacer, para no vulnerar nuestra humana libertad, pero pueden saber que eso —lo que sea que hagamos— va a desencadenar algo que ellos ven claramente. Es una de las gracias extraordinarias que Dios les dio. El ángel no tiene dos límites por completo habituales en los humanos: un cuerpo físico, que a veces puede ser como el calabozo del alma, y un razonamiento con la medida del hombre, es decir muy chiquitito. Nosotros, los de carne y hueso, más que pensar especulamos. "Yo digo esto para que él me diga esto otro y entonces..." O, si no, cuando a alguien le ocurre una desgracia terrible, nos mostramos tremendamente doloridos y hasta es posible que lo estemos pero —desde el más profundo y negro fondo de nuestras almas egoístas— difícilmente evitemos pensar: "Qué suerte que no me tocó a mí". Yo sé que aceptar esto es como recibir con una sonrisa una patada de Maradona en la entrepierna, pero ¿alguien puede dudarlo y arrojar la primera piedra? La educación moral general es la del sálvese quien pueda y así suelen ir las cosas. Los que actúen diferente están más cerca de la santidad de lo que imaginan. El ángel jamás especula, aun cuando se trate de un ser infinitamente más inteligente que el hombre (o quizás precisamente por eso). El ángel abarca desde su dimensión, que no es la nuestra, todo un razonamiento y un conocimiento totales y puros, sin vicios de especulación. Puede, entonces, saber el futuro. Al menos lo que los humanos llamamos futuro.

—*¿Hay ángeles para todo: plantas, animales, rocas?*

Sí, pero no como protector particular. Una rosa no tiene un ángel para ella solita pero sí hay ángeles de la floración toda. Lo mismo ocurre con los animales, las aguas, las montañas, etc. Pueden pertenecer, tal vez, al coro de las Dominaciones o los Principados, que protegen al mundo de manera global y no individual. El único que tiene un ángel personal enviado por Dios para cuidarlo es el humano. Un ángel enterito —el de la Guarda— para él solo, exclusivamente.

—*Las personas, al morir ¿pueden transformarse en ángeles?*

Una persona muere sólo físicamente. Lo que importa de un ser humano no muere nunca. Su alma es eterna y, por supuesto, es puramente espiritual. Puede transformarse en un ángel, sí, perfectamente. Pero eso ya forma parte de la decisión y la misericordia divinas. Y, desde ya, forma parte del misterio que no se puede conocer ni develar desde aquí.

—*¿Los ángeles pueden mostrarse con cuerpo humano alguna vez? ¿Hacen sentir su presencia de alguna manera?*

Todo el tiempo. El punto clave está en que nos demos cuenta. Los que corren por la vida como los hámsters en su rueda, detrás de nada y sin ningún sentido, no lo van a advertir hasta que se detengan. Pero muchos otros se dan cuenta aun en las más pequeñas cosas. Hacen sentir su presencia a través de una gran cantidad de señales, algo que también veremos más adelante. Y pueden mostrarse con cuerpo humano perfectamente, de lo cual daremos también ejemplos. Cualquier persona desconocida puede ser un ángel, en especial los más insospechados. Jean Guitton es, posiblemente, el más grande filósofo católico de este siglo. En 1991, a los noventa años de edad, insistía en que "la fe y la ciencia van a terminar hermanadas andando por la vida". Un sabio. Fue el único laico que participó del Concilio Vaticano II invitado especialmente por Su Santidad Juan XXIII. El único laico, no sé si está claro. Y su opinión fue escuchada con especial atención. En una nota publicada en el órgano de prensa del Vaticano, "L'Osservatore Romano", en marzo de 1983, este hombre impresionante por su lucidez decía que un profesor suyo en la Universidad de la Sorbona (el catedrático de Estética Etienne Souriau) les hablaba de los ángeles y —transcribo textual— "me aconsejaba que me acordara de las personas encontradas por casualidad, en el tren o en el avión, que habían dicho algo y que habían desaparecido. No se los vuelve a encontrar más, pero nuestra vida es modificada profundamente después de una simple palabra". En el mismo artículo, este monumento filosófico de carne y hueso dice: "Creo en los ángeles, en su auténtica existencia. A veces he creído adivinar sobre, o más bien junto a mí, un ser impalpable y secreto que aparta un obstáculo, que me inspira, me protege y me guía. Que, a veces, con un dedo sobre los labios, me trae un mensaje al cual es necesario asentir. Me parece que la escena de la Anunciación, en la que Gabriel habla con la Virgen para pedirle solamente que diga 'sí', se reproduce con frecuencia en el curso de nuestras vidas". Jean Guitton, uno de los pocos sabios que en el mundo han sido, tan contemporáneo además, tan vecino nuestro en estos días de este conflictivo planeta, termina ese artículo diciendo: "El ángel es compuesto de dulzura y vigor. Sus alas son como pulmones externos. Sus cabellos, los rayos del sol. La cara es pura luz. Carece de miembros. Es una llama... Sobre la puerta de una catedral el ángel hace sonreír también a la piedra en la que está esculpido. La sonrisa es la señal del espíritu sobre un rostro. El ángel sabe. El ángel calla. Sólo se revela a través de la sonrisa". ¿Qué te puedo decir, Marianito? Después de lo escrito por este hombre ¿de qué forma más bella puede definirse al ángel?

—*¿Cómo lo definirías vos?*

No sé... Ya lo hicimos de una docena de maneras desde que empezó este librito. Todas coincidentes en lo fundamental, claro. Si debo responder, yo diría que el ángel, como tal, respira el aliento de Dios, en lugar de aire como lo hacemos los mortales. Me gusta mucho lo escrito por el Cardenal Newman, John Henry Newman, que en el siglo pasado dijo: "Cada soplo de aire, cada rayo de luz y calor, cada bello paisaje es, por así decir, una orla de sus vestidos, el ondear de las vestiduras de quienes ven a Dios". Y, de una manera especial, siento como propio un consejo del Beato Josemaría Escrivá de Balaguer en su libro "Camino": "Ten confianza con tu Angel Custodio. Trátalo como un entrañable amigo —lo es— y él sabrá hacerte mil servicios en los asuntos ordinarios de cada día". Y me subyuga con ternura cuando luego lo define diciendo: "Siéntelo como un cómplice". Así lo siento, así te siento. Y me gusta. Me encanta. Te quiero, te necesito, te defiendo casi tanto como vos a mí... ¿Qué hacés? No me digas que estás llorando, ahora... Bueno, dale, pará. Menos mal que vos no sos un enfermo cardíaco como yo.

—*Gracias...*

Dios concede las Gracias. Lo único que faltaba es que sea yo el que te diga a vos algo semejante. El amor no se agradece, sólo se devuelve.

—*Soy un sentimental. Me gusta mucho ser tu cómplice.*

Y a mí también, Marianito. Ojalá al lector le de tanto placer recorrer estas páginas como el que me da a mí escribirlas. O a vos. Ya no sé quién escribe qué, a esta altura.

—*¿Acaso importa? Lo que aquí más interesa es quien tenga el libro en sus manos. Y que sienta que nunca está solo. Después de una exitosa operación lo más importante no es el bisturí, es el paciente.*

Es verdad. Pero lo asombroso es que no sé cómo caímos de pronto en todo lo que hablamos. Esa no era la idea al empezar el capítulo. Te metiste en medio y ocurrió todo esto. Lo mío ya no son planes, son flanes. Movedizos, tentadores, dulces, frágiles, rápidamente devorados por las circunstancias. O por tu influencia. Ya que mencioné lo de devorar, ¿ustedes comen? No te estoy hablando de un bife con papas fritas, claro, me refiero a maná del cielo o algo así...

—*No. Ni maná del cielo ni tortilla de nubes ni ensalada con las hojas del Arbol de la Vida ni nada. ¿Cómo vamos a comer? Somos espíritus, está dicho ya mil veces. Nuestro alimento es la oración y, a veces, estamos hambrientos de fe y sedientos de esperanza. Cuando ustedes nos las dan lo festejamos con una buena porción de amor como postre.*

Muy astuto. Lo que está en claro es que, por ejemplo, el arcángel Rafael no comió nunca en todo el viaje que hizo con Tobías y que duró lo suyo como ya relatamos. O el perro "Gris" de Don Bosco, que tampoco aceptaba bocado. Pero, hoy día, resultaría muy sospechoso alguien que no come nada nunca. Los que se corporizan deben seguir las normas del lugar.

—*A veces hay que disimular un poquito.*

Ah, no me negaste que se corporizaran... Esta vez te agarré.

—*Cuando se trata de cosas como comer, no hay dudas de que vos sabés mucho más que yo. Mejor me callo ante esos temas...*

Y ante cualquier otro, por favor. Te pido que no vuelvas a interrumpirme porque quiero retomar lo de mi amigo, monseñor Puyelli.

—*Y Manolito.*

De acuerdo. Y Manolito, su ángel de la guarda, tu amigo. Pero ya gastamos un capítulo. La seguimos en el próximo. Vale la pena. Aunque no hay pena. Lo que vale es la alegría. Ya verán.

DOCE

Si me dejas solo,
yo me perdería

(Testimonios de hoy)

Escribir sobre los ángeles y no consultar a mi amigo monseñor Puyelli es como construir una casa lindísima pero olvidarse de ponerle una puerta.

—Roque ¿el ángel puede hacer sentir su presencia físicamente?

—Eso forma parte del misterio, pero ¿por qué no? Tal vez te pueda interesar algo que viví de cerca... Después de haber vuelto yo del curso de Angelología que hice en Colombia, vino de allá una religiosa que se hospedó en un hotel en la zona de Retiro, en la Capital. Como tenía que ir a misa todos los días, por norma, preguntó dónde había una iglesia cerca y le dijeron que el Santísimo Sacramento. Va y, cuando sale, ve una patota y le llama la atención que la están relojeando. Entonces ella cuenta que recordó una oración que decía "ángel mío, haceme invisible". Y pasó al lado de aquellos muchachones sin que ninguno se diera cuenta y ni siquiera la miraran, cuando hacía un momento apenas la estaban observando y cuchicheando entre ellos como si planearan algo... Tal vez suene a algo chiquito, pero un día lo cuento en un grupo de oración y al tiempo me entero de algo interesante. Una mujer que estaba entre aquella gente iba, unas semanas después, por la calle y, en un lugar aislado, ve a dos tipos de

215

mala traza que le hacen temer que la vayan a asaltar o cualquier cosa. Se acuerda de lo de la monjita y hace la misma oración: "ángel mío, haceme invisible". Pasa junto a esos hombres sin que nada le ocurra pero, apenas caminó unos cuantos pasos cuando escucha gritar detrás suyo a una mujer. Se da vuelta y ve que aquellos dos tipos forcejeaban con esa pobre y que, por suerte, aparecen enseguida unos hombres de un quiosco cercano que agarran a los delincuentes en medio de gritos y zarandeos. Llega la policía y van todos a la comisaría, incluso ella, como testigo. Cuando ya están allí esperando para el sumario y todo eso, a esta mujer le pica el bichito de la curiosidad y les pregunta a los dos arrestados: "Díganme una cosa ¿ustedes me vieron a mí cuando yo pasé a su lado?" Los tipos le dicen que sí. "¿Y por qué no me asaltaron?", pregunta ella. Los fulanos la miran y uno de ellos le dice: "Y... ¿qué quiere? Qué la íbamos a asaltar con el tipo ese grandote que iba al lado suyo..." ¿Te das cuenta?

Me doy cuenta. Recordé varios casos similares, uno de ellos contado por su inobjetable protagonista hacía apenas un par de días.

Gladys Merlini es profesora de Filosofía, titular de la cátedra de Filosofía de la Ciencia y Técnica y la de Etica en el Centro de Informática de ALPI. Vive en Lomas de Zamora, pertenece a la Renovación Carismática Católica y es una dulce mujer que gozó de las Convivencias con Cristo que organiza el padre Alberto Ibáñez Padilla, de El Salvador, unos seminarios que son muy reveladores y espirituales de acuerdo a lo que cuentan todos los que asistieron. Ella, con su voz tranquila y segura, me había relatado:

"Debido a las actividades que realizo y a los grupos de oración, yo estoy volviendo a Lomas de Zamora entre las diez y las doce de la noche. En el invierno del

92' yo volvía a casa en el tren y noto que había un muchacho que vestía ropas de cuero, tenía el pelo rubio sobre la cara y que me llamaba la atención por su mirada hosca, la forma agresiva en que se movía y la insistencia en fijar su vista en mí y en una chica joven. Al llegar a la estación veo que también baja allí. Yo me retraso un poco a propósito, para que se adelante y no tenerlo a mis espaldas. Empieza a subir las escaleras y yo detrás, sin dejar de mirarlo con disimulo y sin dejar de rezar para mis adentros. De repente el muchacho, que iba unos escalones más arriba, se da vuelta de golpe sin ningún motivo y me mira fijamente pero, en el acto, transforma su actitud y pone una cara de horror, de espanto, de la que nunca me voy a olvidar porque jamás había visto tanto susto en el rostro de alguien. Enseguida empieza a correr tropezándose con todo, como escapando. Yo no entendía lo que estaba ocurriendo pero seguí caminando con cierto temor porque aún faltaba la cuadra y media hasta mis casa. Pero él ya no estaba, nunca más lo vi... Cuando al día siguiente le comento lo ocurrido a una señora que trabaja en mi casa, que es evangélica pentecostal, ella me dice con naturalidad: 'Lo que pasó, señora, es que Dios le puso un ángel'. Era la primera vez que yo escuchaba algo así pero luego, en los grupos de oración y en la convivencia, varias personas me confirmaron que sí, que se dan a menudo ese tipo de cosas. Este hecho me hizo pensar en muchas otras ocasiones en las cuales me sentí cuidada pero sin analizarlo. Yo me siento muy protegida, Víctor, pero hay algo que vale la pena aclarar. Yo siento a Dios desde dentro, por mi propia vivencia cristiana, pero cuando hablo de protección angélica lo siento desde fuera, como si hubieran una alas que me cubren la espalda, como lo dice el Salmo 91."

(En ese libro del Antiguo Testamento dice, textualmente en un párrafo: "Con tu plumaje te cubrirá y bajo sus alas hallarás refugio", para completar más adelante: "Pues el Altísimo dará órdenes sobre ti a sus ángeles para guardarte en todos tus caminos. Ellos te llevarán sobre sus palmas para que nó choque en piedra alguna tu pie".)

Gladys Merlini tiene una profunda fe católica y una actitud claramente evangelizadora: da sus buenos frutos y lucha para que los demás lo hagan. Estamos muy de acuerdo con ella cuando hablamos de que la nuestra es una religión alegre, llena de vivencias. Esto queda bien en claro cuando me dice, al final de la charla, una frase dicha con ternura que sirve también para definirla a ella: "¡Me divierto tanto con la vida!". Y no se refiere precisamente a andar de conga todos los días sino a encontrar a su alrededor, y dentro suyo, un mundo espiritual asombroso que la colma de dicha aun en medio de los problemas cotidianos. No sé qué daría para que cada uno de ustedes puedan decir esa frase con la misma fuerza y la misma naturalidad. "¡Me divierto tanto con la vida!".

Sigamos con mi querido Puyelli, quien sí siente semejante cosa.

Aquel mediodía, como muchos otros desde que nos conocemos, almorzábamos juntos. Nos gusta compartir la mesa y la charla.

—*Ese es otro que, como vos, entiende bastante de comer...*

Te dije que no te metieras. Y mucho menos para decir algo así de mi amigo Roque. No me hagás enojar, Mariano.

—*No soy Mariano. Soy Manolo.*

¿Manolo? ¿Manolito? ¿El ángel de Puyelli? No te puedo creer.

El ángel

—"*Hombre de poca fe. ¿por qué dudáis?*" Una cita bíblica, esa. Sí, sos Manolito. Supongo que siendo el ángel de un monseñor debés hablar todo el tiempo con citas bíblicas... Ey, vos tal vez puedas aparecerte un poquito...

—*Tiene razón Mariano. Vos sos como un perrito que, cuando hace pis en un árbol, vuelve un millón de veces al mismo lugar. Cortala con eso de las apariciones ¿querés?*

Eso no es muy bíblico, me parece.

—*Si lo deseás te recito los evangelios en arameo, de punta a punta, pero no vas a entender un pomo.*

Perdón, pero ¿no sos medio reo para ser el ángel de un cura?

—*Roque es tan buen tipo y tan niño que yo tengo que compensar un poquito. Y, aunque estoy con él desde que nació en San Andrés de Giles, que no es precisamente Nueva York, con tanto tiempo en la Capital me aporteñé.*

¿Y qué hacés aquí, ahora?

—*Me mandó Roque, por si me necesitaban. Desde que empezaste el libro ya vine un montón de veces. Con tanta gente a la que me envía para ayudarlos viajo más que Marco Polo. Pero Mariano me dice que está todo bien y me alegro.*

Gracias por venir ¿eh? Te quiero mucho. Hasta te llamás como mi papá.

—*Ya lo sé, lo veo a menudo. Está muy feliz el gallego con lo que vos hacés. Dice que no podías fallarle. Nos marea contándonos cosas tuyas de cuando eras chico. Te ama.*

¿Papá? ¿Mi papá? ¿Lo ves a mi viejo? Mandale un beso, por favor. Mil besos. Tal vez no supe decirle aquí todo lo que lo quise y lo entendí, casi siempre pasa eso. Decile que yo también lo amo y siempre pienso en él, decile que... ¿adónde está? ¿Cómo está? Contame, por favor... ¿Qué pasa que no contestás? ¿Te fuiste?... Mariano, ¿vos estás ahí?

—*Siempre estoy aquí.*

¿Y Manolito? ¿Se fue?

—*Se fue. Vos insistís en preguntar demasiadas cosas que no se te pueden develar. Manolito te dijo demasiado, casi rompe las reglas. No tires de la cuerda que se puede cortar. Buscá respuestas en vos. Y no llorés, tontito. Tu papi está feliz, ya lo oíste. Vamos, seguí...*

Mi viejo, que lindo era. Tan gallego y con esa pinta de coronel inglés de la segunda guerra, alto, canoso, con esos ojos celestes y claritos, un tipo tan sano por dentro, el último bohemio, un soñador empedernido, un hombre honrado, un hombre en serio. Nunca concretó un solo sueño y ahora los tiene a todos. Hola, papi, ¿qué hacés?

—*Seguí, por favor...*

Voy a tomarme un rato. Perdón.

Hace una media hora les contaba que almorzábamos Roque y yo, a grabador abierto. Me sorprendió apenas nos sentamos.

—Estás muy nervioso en estos últimos tiempos ¿no?

—Bueno, en este momento estoy fantástico, pero sí, estoy muy nervioso, en especial cuando cada día me siento a escribir. ¿Vos cómo sabés?

—Es lógico, siempre pasa. Al "que te dije" no le gusta que uno haga públicos estos temas, en especial si hablás de los ángeles. A las tinieblas no le gustan que la luz de un reflector las rompa. Te va a poner mil escollos, vas a estar tenso, en una de esas irascible hasta con tu familia, quizá te sientas mal físicamente. Pero no aflojes. Hay una solución infalible: rezá. Pedile a tu ángel que te ayude y rezá para rajar a los que quieran frenarte.

Recordé enseguida que, dos años antes, cuando estuve en la ciudad de San Nicolás para investigar las apariciones de la Virgen para mi librito "Poderes", otro cura amigo —el padre Rafael Hernández, Canciller del obispado del lugar—, me había dicho con suma prudencia pero como un buen consejo: "La Virgen es la gran enemiga del demonio. El hará lo imposible para evitar que la honremos. Cuidado con eso..." Y luego agregaría el mismo remedio de Puyelli: "Rezá. Defendete con el rezo". Y lo hice. Y lo hago. Tal vez alguno de ustedes piense que tengo menos cerebro que una alpargata, pero los que así opinen no saben el poder inmenso que puede llegar a tener la oración. A mí me consta por lo que vi en muchos y en mí mismo, se los aseguro.

—Roque, siendo una realidad como es y cuando, por ejemplo, hasta Juan Pablo II ha hablado del demonio con todas las letras, diciendo claramente que se mete con su poder en nuestras vidas ¿por qué hay gente que lo niega o mira el tema como algo infantil, aun dentro de nuestra Iglesia?

—Bueno... Yo creo que el problema actual es el problema de la fe. Hay muchos estamentos que han ido perdiendo su fe, de manera tal que todo se lo analiza nada más que desde el punto de vista material: lo que toco, lo que veo y nada más. Entonces, para algunos, estas cosas que no se ven ni se tocan empiezan a ponerse en duda. Yo creo que, en el fondo, falta fe. Falta fe, sin ninguna duda.

—Ver para creer, una de las frases más bobas que se hayan dicho. Pero, en el caso de los ángeles, ¿pueden corporizarse en nuestros días?

—En la Biblia, ya lo sabés, hay muchos casos de ángeles aparecidos con cuerpo humano. En nuestros días a veces pasan cosas que no tienen explicación y están ligadas a este tema. Un amigo mío, el arquitecto Guerrico, una gran persona, es muy devoto del Arcángel Rafael. Hace un tiempo iba con la familia por una de esas rutas del interior muy desoladas, solitarias, cuando se le quedó el auto. Bajó con la bronca típica de cualquiera y, enseguida, apareció una camioneta destartalada, un cacharro con ruedas del que descendió un hombre y se ofreció para ayudarlo. En un momento todo estaba bien. Mientras Guerrico guardaba unas herramientas, su mujer se acercó a aquel hombre para agradecerle. Volvió junto a su marido con una sonrisa y le dijo: "Mirá qué justo. ¿A qué no sabés como se llama el señor? Rafael, como tu protector". El arquitecto se dio vuelta, también sonriendo y para darle las gracias, pero ya no estaban la camioneta ni el hombre. Se quedaron de una pieza porque un cachivache como aquel vehículo no podía haberse perdido de vista tan rápido en esa soledad. Pero no estaba, eso es lo cierto. No se olvidaron nunca de aquello... Hay hechos así pero supongo que en la actualidad no es tan general el caso de personificaciones de ángeles...

—Pero no es imposible.

—No es imposible, claro que no. Seguramente una de las sorpresas que nos llevaremos en la Otra Vida es saber que, quizás, esa persona que nos tendió la mano en un momento dado era un ángel.

—¿Eso quiere decir que uno puede conocer a un ángel y nunca enterarse?

—Por supuesto.

En el libro "Cose belle, cose vere" (Cosas bellas, cosas reales - Ed. Paulinas) se cuentan hermosos relatos contemporáneos de las Hijas de San Pablo, unas monjitas misioneras muy trabajadoras. Una de ellas cuenta que, en 1942, en plena guerra, ella y otra hermana debieron trasladar unos pesados paquetones de libros a otra ciudad después del bombardeo a Génova. Al hacer un trasbordo no sabían cómo cargar aquellos grandes bultos pero se acercó un hombre joven con un correcto traje gris que realizó la tarea sin decir palabra, depositándolos sobre el andén. "Cuando quisimos agradecerle", escribe la religiosa, "había desaparecido". Al rato llegó el tren y se vieron en el mismo problema para subir los paquetones a su vagón. Otra vez el mismo hombre llegó para hacerlo él. La monjita que relata esta historia cuenta que le dijo al joven: "Usted parece nuestro ángel custodio", recibiendo como toda respuesta una dulce y silenciosa sonrisa. Ella y su compañera se inclinaron para acomodar los bultos y, al erguirse, el hombre de gris ya no estaba. Se asomaron a las ventanillas y lo buscaron luego en el tren, pero nunca más volvieron a verlo.

Un segundo relato cuenta que, en 1943, otras dos monjitas debían llegar a Roma desde Calabria. El viaje duró cinco días porque el ejército alemán de ocupación les requisó el auto a medio camino. Cansadas y doloridas llegaron hasta un punto cercano a su destino pero peligroso. "No vayan por la Vía Ostiense", les dijeron, "porque allí están los soldados alemanes acampados y no se sabe lo que les puede pasar". Pero para llegar a la basílica de San Pablo, donde las esperaban, tenían que ir, necesariamente, por esa calle. No sabían qué hacer. Paraditas en ese lugar no atinaban a nada. Hasta que, de repente, una vez más fue un hombre joven vestido de gris quien se acercó a ellas y les dijo que le permitieran ayudarlas. Enterado de dónde iban, tomó la maleta y les dijo que lo siguieran. "Los alemanes...", le advirtieron las hermanitas. "No teman. No les pasará nada", respondió el joven. Las guió hasta la misma puerta del convento y tocó el timbre. Al salir la Superiora, ellas se volvieron para agradecer al hombre que hacía un segundo estaba a su lado. Pero ya no. Había desaparecido como esfumándose en el aire. Más aún: la hermana superiora que les abrió, nunca vió a nadie que las acompañara.

Hay más relatos similares contados por las religiosas en primera persona. Rescato uno más: dos de ellas debían viajar, en 1947, desde Florencia hasta Roma. La guerra había terminado pero el desorden no. Se disponían a subir al primer vagón cuando se les acercó —como a sus hermanas de los casos anteriores, y esto ya pasa de ser una coincidencia— un joven vestido de gris que les dijo que no subieran allí porque podía ser peligroso. La monjita que relata la historia cuenta que se sintieron contrariadas por ese desconocido que se metía en sus vidas dándoles indicaciones. No le hicieron caso y ascendieron al primer vagón. El hombre subió también e insistió: "No deben viajar aquí, es peligroso. Vengan al último vagón, vamos". Como no parecía renunciar a su demanda, la monjita del relato cuenta que lo miró algo malhumorada pero que se sintió impresionada por la firmeza y seriedad del joven que, también, miren qué curioso, vestía un traje gris. Para terminar con el tema, le dijo a su compañera: "Venga, hermana, vamos a los últimos vagones así éste nos dejará en paz". Así lo hicieron. El hombre de gris no volvió a aparecer. El tren se puso en marcha. A eso de las cuatro de la mañana chocó contra otro detenido en esa misma vía. La mayoría de los pasajeros del primer vagón murieron en aquel accidente. Las monjitas salieron ilesas. La que contó el hecho termina diciendo en su relato: "¿Quién era aquel joven? ¿Cómo sabía que era peligroso viajar en el primer vagón? Reflexionando, después de años de aquel episodio, cada vez es mayor mi convicción de que se trataba de nuestro ángel custodio".

Los casos reproducidos aquí, junto a muchos otros, figuran actualmente en los archivos del Vaticano autenticados por las firmas de cada una de sus protagonistas.

LEOBINO CAYO es un querido lector que vive en el barrio Yofre Sud de la ciudad de Córdoba. Me envió su primera carta en enero de 1994. Lo llamé y hoy somos hermanos a la distancia para alegría de la empresa de teléfonos. Es un hombre culto, refinado, sumamente cariñoso y grato, con una potencia de profesión católica que deslumbra. Tuvo la gentileza de hacerme llegar un libro editado modestamente —casi a mano— pero con un contenido bellísimo. El autor de este pequeño-gran libro fue un cura muy admirado por Cayo, el padre Pablo Luchino De Marcos, fallecido en mayo de 1993. El padre De Marcos fue un apasionado de los ángeles y en su libro de edición artesanal ("Gris, el color del Cielo") no deja dudas al respecto. Reproduce allí los casos mencionados y una charla con la Hermana Carmen, Priora de un convento sureño, donde ambos se preguntan por qué esos hombres siempre vestían de gris. A esto se le puede sumar aquella historia del perro Gris —por su color— que protegía a Don Bosco. ¿Por qué el gris? El padre De Marcos arriesga que, quizá, porque es una forma de mostrarnos que el ángel no se puede definir tan fácilmente como al blanco o al negro, sino que son una combinación intermedia que es un desafío para nuestros conocimientos. La Hermana Carmen, por su parte, aventura otra interpretación que transcribo, textual:

"La verdad es que nuestro cielo aquí, en la tierra, se nos presenta a menudo bien gris y brumoso, lleno de pena, luchas, crisis. Y las intervenciones de Dios en nuestra vida no son, generalmente, de tipo espectacular sino ordinarias, grises. Tal vez el mensaje de lo que estamos hablando resida en que debemos hacer un esfuerzo para reconocer la presencia de Dios también en los grises de la vida. ¿No le parece, padre?"

El sacerdote cuenta que ambos rieron con sus ocurrencias, pero son en verdad algo serio si lo pensamos en profundidad. ¿Quién puede saberlo?

El curita llega de manera frontal al mundo angélico

Victor Sueiro

para el que no había destinado demasiado empeño antes del episodio que zarandeó su escepticismo. Lo cuenta en el núcleo de su libro, cuando relata la historia real de una joven residente en la Capital llamada Graciela que tomó los hábitos bajo el nombre de Sor Paulina, pasando a integrar un grupo de hermanas de un convento del sur del país cercano a la cordillera y a una ciudad a la que él menciona como Talacara. Cuenta que, en uno de sus viajes de evangelización, llegó a ese monasterio de Santa Cecilia que visitaba a menudo y donde Sor Paulina era casi una joven ahijada. Allí se entera de que la monjita dijo que tenía visiones de su ángel de la guarda y de los ángeles que acompañan a las personas. En un primer momento, el sacerdote rechaza la idea porque él era, según sus propias palabras, "bastante escéptico en cuanto a aceptar fácilmente visiones o revelaciones particulares". Llegó a decir: "Pueden ser ilusiones o alucinaciones. Quizás esté un poco débil física o síquicamente". La hermana superiora dijo que ella no era, tampoco, muy afecta a creer en cosas así como si nada, pero que este era uno de esos casos especiales. El padre De Marcos escucha el relato de Sor Paulina, por entonces de 29 años de edad y con perfecta salud mental. Luego estudia el tema cada vez con mayor profundidad, leyendo los libros serios que lo abordaban y consultando a teólogos y sacerdotes angelólogos. Vuelve a conversar con la monjita en varias ocasiones. Y no sólo acepta como cierto el hecho que ella le refiere sino que, casi sin darse cuenta, se transforma él mismo en un experto angelólogo para el resto de su vida.

El padre Pablo Luchino De Marcos falleció, como está dicho, en mayo de 1993. La hermana Sor Paulina sigue viviendo, actualmente, en el monasterio mencionado por el sacerdote. Y hablando con su ángel.

—Como vos.

Como yo no. Yo no te oigo.

226

—*No me oís pero me escuchás, que es mucho más importante.*

Y te siento, eso es cierto. Ustedes tienen muchas maneras de hacerse sentir. Como saben lo que ocurrirá en lo que nosotros llamamos futuro es muy posible que intervengan en aquellos que tienen premoniciones, por ejemplo. O sueños que anuncian algo, cosas así.

—*Sin comentarios.*

No hacen falta. Preparate para lo que sigue. Es fuerte, muy fuerte.

—*¿La biografía de Superman, tal vez?*

Mirá por sobre mi hombro y se te van a ir las ganas de hacerte el cómico. Es sobre ustedes, las premoniciones y otras señales, todo con nombre y apellido, todo ocurriendo en el día de hoy. Preparate.

TRECE

Angeles premonitorios

(Testimonio de hoy)

A veces, por motivos que obviamente no están a mi alcance, Dios concede a algunas personas ciertos dones extraordinarios. Intentar explicar con nuestra pequeña razón algo semejante es como querer contarle los pelos a la melena de un león, algo difícil y peligroso. Uno puede meterse en los misterios de la divinidad hasta cierto punto, casi diría que apenas pisando el umbral y echando una ojeada desde afuera para luego llenarse de asombro, gozar la maravilla y —en mi caso— simplemente contarla para compartir tanta luz que llena de esperanzas. Juan Pablo II dijo, el 28 de mayo de 1993, que "negar lo sobrenatural es negar la escencia misma de la Iglesia". Explicarlo es otra cosa. He conocido muchos hechos que no se pueden descifrar con el código humano y confieso que me pregunto desde hace mucho por qué ocurren.

—*Hacete una pregunta más fácil: ¿por qué ponerle límites a la Gracia de Dios?*

Sí, tenés razón.

—*Tengo razón, sí. Y la uso. Pero, sobre todo, tengo fe.*

Está bien, tenés razón y fe. No me distraigas, por favor.

—*Lo siento mucho.*

Me parece bien que te disculpes.

231

—*No tengo de qué disculparme. Digo que "lo siento mucho" al poder de la fe. Te explico, nomás.*

Muy gracioso. ¿Puedo continuar?

—*Adelante, adelante. Vamos a contar la historia de Patricio.*

Oh, sí, claro. "Vamos" a contar la historia.

—*Sería bueno que dijeras qué tenemos que ver los ángeles en algo así.*

De acuerdo a lo que ya quedó dicho, Dios les dio a ustedes —entre otros— el poder de saber el futuro. También el de hacernos sentir a nosotros la fuerza impresionante de la oración y lo que con ella se puede lograr. De alguna manera actúan sobre una persona determinada y la convierten en alguien especial, diferente, dotado. Así como son la inspiración para unos, la imaginación para otros, la intuición para algunos, los ángeles pueden otorgar en ciertos casos cualidades extraordinarias por decisión divina. No me preguntes por qué.

—*No pensaba hacerlo. Sé que no tenés ni la menor idea.*

Posiblemente vos la tengas, pero como no quiero escuchar más la habitual respuesta "sin comentarios", tampoco yo te lo preguntaré.

—*Hacés bien. Vas entendiendo... Patricio Quinn es uno de esos hombres que, por algún insondable motivo que escapa a la razón, ha vivido...*

Eh, no, no. Pará. Soy yo el que cuenta.

PATRICIO QUINN es uno de esos hombres que, por algún insondable motivo que escapa a la razón, ha vivido y vive experiencias fuera de lo común.

—Ibas a ser cura. Estuviste once años en el seminario ¿no?

—Once años. Entré porque quise y salí porque quise.

El ángel

Patricio tenía doce de edad cuando ingresó al seminario. Dos años en el de Rosario y nueve en el de Villa Devoto, en la Capital Federal. A los 23 dejó los hábitos. A los 24 se casó con Mechita. Hoy tiene 51 años, vive en la provincia de San Juan, es padre de seis hijos (17 el menor, 25 el mayor) y, aunque no sea cura, todo el que lo conoce sabe que es dueño de una potencia de fe simplemente deslumbrante. Desde jovencito tuvo como guía espiritual nada menos que al actual Cardenal Eduardo Pironio, una de las mentes más lúcidas y limpias de la Iglesia. Con el tiempo ese guía se transformó, también, en su amigo. Patricio mantiene contacto permanente con el Cardenal, quien ocupa en la actualidad uno de los cargos más importantes en el Vaticano, es titular del Pontificio Consejo para los Laicos, algo así como el ministro de Dios en la tierra para atender los asuntos de los mil millones de católicos que no somos ni curas ni monjas. Este hombre que fue uno de los más firmes candidatos al papado luego de la muerte de Paulo VI, siendo el primer argentino que se acercara tanto al trono de Pedro, es el muy amado amigo de Patricio Quinn. Tuve el honor de leer alguna de las cariñosas cartas que Su Eminencia le envía desde el Vaticano. Con semejante guía y amigo no hacen falta más garantías.

Vamos, ahora, a los hechos extraordinarios que vive desde hace años y, de los cuales, apenas recogemos algunos. El relato se transcribe textual y en sus propias palabras recogidas por el grabador.

Uno

"Yo tenía un compañero en el seminario, Luis María Coviella, que vive actualmente en Mar del Plata y con quien sigo en contacto aún hoy. Era el año 1963. Un día voy a la pieza de él y le digo: 'Mirá, Luis, vos sabés que lo mataron a Kennedy'. Este lo adoraba a Kennedy

233

en esa época y se sobresaltó mucho. 'No puede ser', me decía. Y yo le cuento: 'Vos sabés que venía por una avenida, en Dallas, y le pegan unos tiros por la espalda desde la ventana de un departamento'. Luis me repetía que no podía ser, que yo estaba loco. 'Si me estás haciendo una broma, te mato', me decía. Y yo insistía en que era verdad. Este episodio ocurrió una semana antes del atentado a Kennedy."

—Pero, si aún no había ocurrido ¿cómo se lo decías con tanta certeza?

"Mirá, yo lo vi tal cual fue. Cuando miro, todavía hoy, los documentales donde se muestra la escena, compruebo que lo que yo vi siete días antes era tal cual, exactamente como ocurrió. A mí me sucede eso: cuando veo algo, ni lo sueño ni me lo imagino, lo veo con mis ojos bien abiertos, totalmente despierto. Siempre fue y es así. Con Luther King me pasó lo mismo. Lo vi y lo conté con los mismos detalles con los que poco más tarde se daría. Para mí mismo es impresionante porque, después, cuando ocurre, me pregunto '¿cómo puede ser?'. Pero ocurre."

Nota: El caso de Kennedy es realmente asombroso desde el punto de vista de la anticipación. En los registros de las principales instituciones de seguridad norteamericanas (FBI, Servicio Secreto, policía de Dallas, etc) se archivaron desde un mes antes del atentado nada menos que treinta mil anuncios —la mayoría telefónicos y postales— de personas que habían tenido la premonición de lo que luego sucedió. Por supuesto, no se les prestó atención. Desde entonces hay una oficina exclusivamente dedicada a recibir y analizar pre-cogniciones de todo tipo.

Dos

"Algo idéntico me pasó con el atentado a Juan Pablo II, igualito. Yo había visto que al Papa le ocurría un atentado en Fátima, no en Roma, pero la fecha era el

13 de mayo de ese 1981. Faltaba para esto una semana, más o menos. Yo le escribo a Pironio y se lo cuento.
El fue quien primero estuvo con Juan Pablo II después
de que le pegaron los tiros. Pironio estaba de casualidad en el Hospital Gemelli visitando a las religiosas en
una de esas recorridas que hacen los cardenales y de
golpe ve que traen una camilla por un pasillo, con mucha agitación alrededor. El ni sabía aún del atentado y
se encuentra con que el que está en la camilla es el Papa. En mi carta yo le ponía hasta una frase que Su
Santidad le dice a él en ese momento. Cuando lo vi a
Pironio por primera vez desde entonces, me tomó del
brazo, me apartó un poco y me dijo: '¿Cómo sabías vos
lo que el Papa me iba a decir?'. Yo le dije que no sabía.
Ya conocía mi caso porque yo le había contado siempre
lo que me pasaba, desde que él era rector mío en el seminario. Y cada vez que lo veo me pregunta cómo sabía
qué le diría el Papa aún en la camilla. Yo pienso que
allí la Virgen hizo un milagro. Vos sabés que Juan Pablo II es muy devoto de María, lo mismo que Pironio. Yo
le ponía en la carta que la Virgen lo iba a curar. El
atentado lo vi en Fátima, en la entrada de la basílica,
que es muy similar a la entrada de San Pedro, en el Vaticano. En una escalerilla, con el Papa rodeado de gente, venía un tipo y pum, le pega un tiro. La fecha era la
misma: 13 de mayo de 1981."

—También viste eso en pleno estado de conciencia...

"Totalmente. Yo lo que veo lo veo con los ojitos bien
abiertos, frente a mí, como si estuviera ocurriendo en
ese momento. A menudo me pasa que estoy tomando
mate con mi señora y, de repente, veo algo. A veces lo
dibujo como para que cualquiera compruebe después."

—Pero, cuando viste algo como el atentado al Papa,
nada menos, ¿no te estremeció semejante escena?

"Por supuesto que me estremeció. Lo que pasa es
que yo no tengo una forma de difundir eso y nadie más

lo ve. Lo único que hice fue escribirle a Pironio, que era el amigo que tenía en Roma ya en esa época. El amigo al que requetequiero, si a alguien quiero es a él. Yo no le digo Eminencia ni Cardenal, yo le digo padre, amadísimo padre, porque así lo siento. Esa palabra, padre, le cabe en toda la dimensión."

Tres

"El 21 de septiembre de 1983 comenzó a ocurrirme, también, algo muy impactante que se repitió durante tres noches. Cuando me iba a acostar, veo la imagen de una religiosa. Le dije a mi señora 'mirá, la voy a dibujar porque no ubico quién es'. Durante esos tres días lo único que me decía la religiosa era: 'Oración, oración, oración'. A la semana, me escribe el Cardenal Pironio y me cuenta que estuvo en Coimbra, Portugal, en un retiro con la Hermana Lucía, la única con vida de aquellos tres pastorcitos que vieron las apariciones de la Virgen en Fátima. Me costó conseguir una foto de ella pero, cuando lo hice, la comparé con mi dibujo y no había dudas: era la misma, era Lucía. Ella sigue teniendo videncias de la Virgen siempre, no sólo aquella vez en 1917 cuando era chiquita. Recibe mensajes de María pero solamente un grupo muy reducido de cardenales y altas autoridades del clero conocen el contenido de esas comunicaciones. Lo que es una constante, ya desde la primera aparición, es que la Virgen pide con fervor exactamente eso a los fieles: 'Oración, oración, oración'. Vos conocés la fuerza de la oración. Eso es lo que pide. Eso es lo que vi y, en este caso, oí. Ya te dije que me siento amorosamente ligado al Cardenal Pironio y creo que la experiencia que él vivió en ese retiro al que asistió la Hermana Lucía fue lo que hizo que yo la viera a ella en el mismo momento."

Cuatro

"Un amigo de aquí, de San Juan, Daniel Puga, me cuenta un día que frente a su casa vivía una familia que estaba pasando por un problema serio. El hombre se había quedado sin trabajo y una hijita de tres años, de nombre Ornella Testa, tenía un tumor en el cerebro. Para llevar adelante el tratamiento debían viajar seguido a Buenos Aires y no estaban en condiciones de afrontar tanto gasto. Me dice que, como yo tengo tantos amigos curas, si no puedo hablar con alguno para que les den albergue en esos viajes. Yo hablo a la Capital, primero con un querido amigo, Coco, el padre Miguel Angel Lajilla, párroco de San Bernardo, una joya, y después con el padre Martín Bustamante, otro amigo al que quiero mucho, párroco de Nuestra Señora de la Candelaria. En ese momento ninguno de los dos podía hacer nada, daban albergue a tanta gente que no cabía ni un alfiler. Entonces le digo a Daniel Puga: 'Mirá, ¿por qué no le pedimos directamente a la Virgen que cure a la nenita y ya no tienen que viajar más?'. El tipo, que es grandote, mide como dos metros, me miraba con una cara que ni te puedo contar. El domingo 8 de agosto del 88 (coincidían todos los "ocho") nos vamos con Mechita, mi señora, a misa en el colegio Don Bosco. ¿Viste que los salesianos siempre tienen la imagen de María Auxiliadora bien grande, al fondo? Bueno, cuando llega el momento de la Consagración, yo miro a esa imagen y le digo: 'Querida Madre ¿por qué no le pedís a Jesús que la cure a Ornella?'. Cuando baja el cáliz el sacerdote, al costado del curita, yo veo la imagen viva de la Virgen, paradita en el altar. Era una imagen blanca en la que, lo que más se destacaba, era el corazón. En ese mismo momento yo siento dentro mío, mentalmente, que me dice con un tono como dándome confianza: 'Traémela a mí'. Como en casos así hay que preguntar más de una vez, yo volví a hacerlo mentalmente y la respuesta fue la misma: 'Traémela a mí'..."

—Perdoname... ¿por qué hay que preguntar más de una vez?

"Porque —eso lo aprendí en mis épocas de seminario— la primera vez puede ser una especie de engaño, una ilusión de uno. No me acuerdo dónde lo leí, no sé si fue Santa Teresa o quién, pero está claro que tenés que preguntar por segunda vez y, si la respuesta es la misma, allí se puede confiar plenamente."

—Otra cosa: ¿cómo la veías a la Virgen? ¿Como si fuera una nebulosa, como algo etéreo, o como una persona?

"Como una persona. Pero lo que más resaltaba, lo que más me llamó la atención, al verla, era el corazón. Muy brillante, hermoso, en medio del pecho. Eso fue lo que me infundía una gran confianza."

—¿Y cómo la oías? ¿Como a mi voz o como algo interior?

"No, no como a una voz humana. No la escuchaba con los oídos. Era algo interior, pero muy claro. Una respuesta que no admitía dudas y que me llenaba de confianza, como te cuento. Por eso, al otro día, me fui como una tromba a verlo a Daniel Puga y le dije: 'mirá, Daniel, yo vi esto... Si vos me querés creer, bien. Si no, no interesa. Lo que importa es que la Santísima Virgen me garantiza la curación de Ornella'. Cuatro días más tarde, el 12 de agosto, nos juntamos con la mamá, la abuela, la nena, Puga, la que hoy es su esposa, mi señora y no me acuerdo quién más. Yo les conté lo que había visto y les dije que rezáramos solamente un Ave María frente a la imagen de la Virgen, con mucha fe. También les aclaré que ellos tendrían que tener un testimonio de aquello que iba a ocurrir manteniendo esa fe de por vida, no solamente en ese ratito. Les conversé sobre todo eso, rezamos juntos y —esto pasó en el

88'— hoy la criatura, que debe tener unos nueve años, está perfecta. Vos la ves y es una hermosura."

—Y los médicos ¿qué dijeron en aquel momento?

"A la semana de lo que te cuento llevaron a la nena a Buenos Aires. El equipo médico que la atendía la revisó y lo único que dijeron fue: 'la última vez que la vimos tenía un tumor, ahora no lo tiene. Mire, esto es un milagro.' La nena, en esa época, no tenía pelo por las drogas, no estaba bien. Ahora es una rubiecita hermosa. Esto es importante no por uno sino por la fuerza de la oración y la intersección de la Virgen. En San Juan hay mucha gente que conoció el hecho."

Cinco

"Mi señora y yo íbamos siempre a dar charlas a la gente que llevaba a los chicos a bautizar, lo hicimos durante muchos años. A fines de octubre de 1983 fuimos un sábado a la tarde a la parroquia de Nuestra Señora de los Desamparados. Antes de salir me fui al fondo de mi casa a regar las plantas, era un día de mucho calor. Yo estaba agachado, con la manguera, y veo una sombra de alguien que está atrás mío. Como mi hijo mayor siempre fue alto, creí que era él, pero me di vuelta y no había nadie. En el mismo momento se corta el agua de golpe y yo veo, con la claridad de siempre, que un amigo nuestro estaba muy grave y que se iba a morir, pero que podía llegar a salvarse con la intervención de Dios aunque no quedara curado por completo. En ese momento no veo de qué amigo se trataba, no sé a quien se refería el anuncio. Por lo general siempre lo sé, allí no. Lo único que me quedaba claro era que se trataba de un amigo. Voy a verla a mi señora, le cuento y le digo: 'Mirá, tenemos que rezar ya'. Y rezamos, aún sin saber por quien lo estábamos haciendo. Eso fue el sábado. El martes nos avisan que

el doctor Jorge Quiroga Camargo, un médico muy querido en San Juan, un ginecólogo que fue el que hizo
nacer a cinco de mis hijos, estaba muy grave. Le había
dado una embolia cerebral justamente el sábado, a la
hora en que yo sentí lo que te cuento. Enseguida me
fui al sanatorio donde estaba internado y me encuentro, en un pasillo, a un montón de señoras conversando. Les pregunto quién de ellas era la esposa de Quiroga Camargo, porque yo a ella no la conocía. La
saludo y me presento. Ella es muy afectuosa y me dice: 'Ay, mi marido lo quiere mucho a usted'. Yo le digo:
'Mire, usted va a pensar que yo estoy loco, pero vengo
a contarle de parte de Dios que su esposo se va a mejorar'. 'Pero mire que está en estado de coma', me dice.
'Yo no sé', le contesto, 'lo que sé es que yo siento como
un aviso y esas cosas no fallaron nunca hasta ahora.
Su esposo se va a mejorar pero no del todo'. Ella me
pregunta si quiero pasar a verlo. 'Por supuesto', le digo, 'yo quiero rezar un Padrenuestro con él'. Entramos
a la habitación y estaba el Jorgito ahí, tirado en la cama, en estado de coma. Lo tomé de la mano, le hablé
un ratito, le dije de la necesidad que había de que él
volviera a su casa, con sus hijos, su familia. Le cuento
que vamos a rezar un Padrenuestro y empiezo a hacerlo, con él más del otro lado que de este. Cuando iba
por la mitad de la oración me empezó a apretar la mano y, a pesar del estado de coma, termina rezando
conmigo, despacito, aquel Padrenuestro. Al terminar
quiso llevar mi mano a su boca para besarla y lo paré:
'No, Jorge, esto se lo agradecés a Dios, yo no tengo nada que ver, soy un simple medio'. Ya pasaron once
años. Ahora anda en bicicleta, atiende en el hospital
Rawson de San Juan y sigue siendo una maravilla de
persona. Yo siempre le he dicho 'Jorge, a partir de
ahora, tu testimonio es el que vale. Vos y tu familia
tienen que agradecerle para siempre a Dios esa Gracia'. Yo, aún hoy, recuerdo aquello y se me pone la piel

de gallina. Cada vez que nos vemos se emociona, nos abrazamos y yo le recuerdo que es a Dios a quien tiene que agradecerle."

Seis

"Por el año 1988, yo estoy un día en una librería de aquí, de San Juan, conversando con algunas personas. Les cuento, porque surgió el tema, que tengo un rosario que perteneció al Papa Juan XXIII."

—¿Cómo conseguiste algo así?

"Cuando yo estaba en el seminario, el rector era el por entonces monseñor Pironio, que viaja a Roma para una reunión de rectores de los seminarios. Era en 1962. Al despedirse, el Papa —que conocía la enorme espiritualidad de Pironio— mete la mano en un bolsillo y le dice 'Yo le voy a regalar, monseñor, 'mi' rosario'. Un rosario como el que cualquiera de nosotros puede tener, nada especial salvo que te lo estaba regalando el Papa. Cuando vuelve, yo ya había entrado en la etapa en la que pensaba irme del seminario y lo había hablado con Pironio. Le pido que me regale ese rosario. Al principio se negó pero le insistí tanto que, al final, me lo regala... Años después ocurre lo que te estoy contando. En esa librería estaba un amigo mío que me dice que un hombre tenía a su mujer muy enferma, internada, con cáncer. Y me pregunta si no podría prestarle aquel rosario. 'Seguro', le dije, 'el rosario lo tengo yo pero no es mío, es de todos, está para eso'. Al poco tiempo llegó a mi casa el hombre que tenía a su señora internada, lo vi venir y estaba más triste que el diablo, pobre. Me cuenta que se llama Pepe Policano, me dice lo de su esposa y me pide prestado el rosario porque la junta médica ya la había desahuciado. Yo le digo que lo del rosario es lo de menos, que lo que importa es rezar con fe aunque no tengas ningún objeto material. 'Vamos a hacer una cosa,

¿cuántos son en tu casa?', pregunto. 'Y, mi señora, mis dos hijos y yo', me dice. 'Bueno, en casa somos ocho. Vamos a pedir todos juntos, sobre todo tu señora que es la que está mal, y vas a ver que todo va a andar bien'. Y lo hicimos. Rezamos en grupo por la enferma. La cosa es que la señora se mejoró y hoy tiene más salud que vos, que yo y que muchos. Hace tiempo que no los veo porque no viven en la capital de la provincia, pero sé que está requetebién, son la gente más feliz del mundo y viven compartiendo una vida cristiana hermosa. Dios hace las cosas que quiere y debe tener sus motivos, ¿qué te puedo decir?"

Siete

"El primer caso que viví fue en 1962, estando en el seminario, y también ese rosario de Juan XXIII tuvo que ver. Yo tenía un amigo también seminarista, Oscar Yebara, y lo que ocurrió con él es extraordinario. Oscar se enfermó muy gravemente y el padre Bellone lo hace internar en el hospital Sirio Libanés de San Juan. Sus compañeros nos turnábamos para ir a cuidarlo. Hasta que me tocó a mí, el 9 de junio de ese 1962. Vos te imaginás, yo tenía unos dieciocho años y me decía a mí mismo '¿cuidar un enfermo? ¿cómo se hace?'. Y, para colmo, la Hermana Margarita, que estaba en el hospital, me dice apenas llego: 'Mirá, Patricio, Oscar está gravísimo'. Llorando, me cuenta que le habían dado pocas horas de vida. Pensá cómo me sentía yo, que no tenía ninguna experiencia. Entré a la habitación y ahí estaba Oscar, tirado en la cama, amarillo, sin fuerzas. Yo, en esa época, llevaba sotana. Y me acordé que en el bolsillo tenía aquel rosario de Juan XXIII. Entonces le dije: 'Oscar, vos que lo querés tanto al Papa, pedile que te mejore. ¿No querés que te dé el rosario?'. 'Sí, damelo', me dijo. Y se lo di. Serían las diez de la noche, once. De ahí en

adelante se curó. Oscar no tiene nada. Su historia clínica debe estar en el hospital Sirio Libanés y allí tiene que
figurar que su estado era el de un desahuciado. Pasaron
ya treinta y dos años y está fenómeno. La última noticia
que tuve de él es que está de capellán en un noviciado
de monjas en el barrio de la Recoleta, en la Capital Federal. Hoy, el padre Oscar Yebara, sacerdote querido, amigo, anda por este mundo haciendo el bien."

—Patricio, yo me pregunto lo que vos debés haberte
preguntado montones de veces: ¿por qué te pasan esas
cosas?

—Yo, desde muy chico, era monaguillo en Pergamino,
en Nuestra Señora de la Merced. Siempre tuve una afini-
dad muy linda con Jesús en el sagrario. En el año 55,
cuando fue la quema de las iglesias, el único monaguillo
que quedó en la parroquia fui yo, a los demás niños no
los dejarían ir seguramente por temor. Todos los curitas
estaban presos en la comisaría. Yo iba y les llevaba la
vianda y, en la vianda, escondida en el fondo, les llevaba
la Eucaristía para que ellos comulgaran allí. Tenía once
años, y de mí no desconfiaban porque era chico y, además, el comisario era el padre de un compañero mío de
colegio. Eran como treinta curas a los que les llevaba la
vianda y ahí, la comunión. Eso ha sido, para mí, un
gustazo terrible... Yo, solito en la iglesia, le hablaba al
Jesús del sagrario que era mi compañía. Esas cosas te
marcan. Yo soy feliz con Dios desde que me acuerdo,
desde siempre, sin que importe que las cosas vayan bien
o no tanto —como en este momento— ya que eso no tiene nada que ver. Las vivencias hermosas se viven en el
alma... Con respecto a las cosas que me pasan, te confieso que llegó un momento en el que yo le pedía a Dios
que me sacara eso porque era muy fuerte, en la época
del seminario era terrible. Yo miraba a mis compañeros
y, sin que me cuenten nada, yo sabía vida y milagros de
cada uno. Me volvía loco, era desesperante. Por eso le

pedía a Dios que no quería sentir tantas cosas. Creo que me dejó las que más sirven para otros, por suerte.

—¿Vos creés que tu ángel de la guarda te ayudó, como mensajero de Dios que es para cada uno de nosotros?

—Yo al ángel lo quiero muchísimo. Y, sí, claro que me ayudó. Incluso en las cosas pequeñas. Cuando mis hijos eran chicos se escapaban para jugar por ahí cuando tenían que venir a la iglesia con nosotros, vos sabés como son a esas edades, tratan de esconder el bulto. Entonces yo le decía a mi señora 'mirá, Mechita, yo los voy a mandar a buscar con el ángel'. Y era increíble, parece una tontera pero no fallaba nunca. Los vaguitos andaban por ahí, en una obra en construcción, jugando. Cuando yo le pedía al ángel que me los trajera, enseguida aparecían ellos en la iglesia y yo les preguntaba '¿por qué entran?', pero ellos no sabían darme ninguna respuesta. La cosa es que allí estaban... Yo hablo siempre con mucha gente que pide por esto o por aquello y el consejo más lindo que les doy es: 'el ángel de la guarda es el amigo que te puso Dios, viejo'. Cuando te bautizan vos tenés un amigo que es un tipo extraordinario y al que, cuando te das cuenta que está ahí siempre, le hablás mentalmente y terminás queriéndolo muchísimo. Uno solito no hace nada, m'hijo. Yo lo que siempre tuve fue mucha confianza en la Eucaristía, en Jesús en el sagrario —eso es importantísimo—, la Virgen, que la requetequiero y también en lo que sigue, los angelitos, que son enviados de Dios... Lo único que te puedo agregar es que se siente en el alma la alegría de compartir un don que es del Señor. Uno no hace nada para tenerlo. Uno palpita esa mano maravillosa de un Dios que es amor.

Sé que no es precisamente sencillo comprender ciertas cosas, como las vividas por Patricio.

Ocurre que lo sobrenatural, "la escencia de la Iglesia" como dijera el siempre amado Juan Pablo II, es eludido en muchas oportunidades hasta por algunos de sus integrantes. La impresionante prudencia de la Iglesia la hace andar, a veces, como un auto con el freno de mano puesto. Incluso, en casos, se exagera y mucho. La historia nos demuestra que hubo errores. A Don Bosco quisieron internarlo acusado de demente por sus sueños premonitorios. En una ocasión dos curas fueron enviados a buscarlo para llevarlo, sin decirle nada. Fue con ellos hasta el carruaje, los invitó a subir primero con toda amabilidad y —cuando lo habían hecho— él cerro la portezuela del vehículo, quedándose fuera y ordenando al cochero: "Rápido, vaya directo al manicomio a llevar a estos hombres". Y se quedó sonriendo en medio de la calle mientras el carruaje partía a toda velocidad. No se equivocaba: hoy es San Juan Bosco. O Francisco, el de Asís, que dejó una vida acomodada y se desnudó para demostrar que abandonaba todo lo material, abrazando a leprosos, yendo a vivir con los miserables, sufriendo golpes físicos en la misma catedral de su pueblo, recibiendo el mote de "el hombre loco de Dios", siendo despreciado. Una vida terrible, dura. El mismo llegó a dudar de su cordura. Terminó en la montaña, llorando y gritándole a Dios con ternura pero con desesperación que le contestara, que le diera una señal, pidiéndole que por favor le hablara. Y Dios le habló: en ese instante le aparecieron los estigmas sangrantes de Cristo que él recibió con gozo. Tampoco se equivocaba: hoy es San Francisco de Asís. O su amiga Clara, también señalada como loca porque tenía visiones de cosas que pasaban a la distancia. Hoy es Santa Clara de Asís, patrona de la televisión precisamente por aquellas imágenes que ella veía mientras ocurrían muy lejos de donde estaba. O Santa Gema, a quien, en su época la miraban frunciendo el entrecejo porque enviaba a su ángel a llevarle al obispo algún documento que aparecía puntualmente en su escritorio, sin que ella se haya movido del sitio donde trabajaba con las almas. O Juana de Arco, que fue lanzada a la hoguera a los 19 años, acusada de herejía porque ella aseguraba que escuchaba voces angélicas que la guiaban. Hoy es Santa Juana de Arco. El hombre puede llegar a ser absurdo y desconcertante. Si uno le habla a Dios no hay problema, uno está orando; pero si uno dice que Dios le habló por cualquier medio o señal, hay problema: uno está loco y hay que internarlo.

No estoy diciendo que el protagonista de este capítulo sea un santo (tampoco lo dice él, por supuesto) pero el Señor utiliza herramientas de todo tipo para construir una casa mejor para los hombres.

Señoras y señores: Patricio Quinn. Mi trabajo, como siempre, es nada más que mostrar los hechos. Cada uno de ustedes sabrá qué hacer con un ramillete tan bello como el que este magnífico descendiente de irlandeses nos pone en las manos. Una de las primeras preguntas que siempre me hago ante alguien que testimonia vivencias extraordinarias es: '¿Qué puede ganar esta persona con contar esto?'. Si encuentro que se va a beneficiar materialmente con algo, descarto de entrada su relato aun cuando pudiera ser por completo veraz. Mi desconfianza y mi cautela son más viejos que yo mismo, ya que conservo, después de todo, una saludable cuota de esa prudencia de la Iglesia a la que pertenezco. ¿Qué puede ganar Patricio con hacer público lo suyo? En lo palpable, nada. En su afán evangelizador, en lo espiritual, mucho. Puede ganar a cada uno de ustedes, pavada de premio. A cada uno de nosotros. Y no para él, sino para la fe. ¿Alguna pregunta?

—*No, ninguna.*

Ah, estabas ahí.

—*Siempre estoy aquí.*

No te hablaba a vos, le hablo a los lectores. Vos no sos un lector.

—*¿Y qué estoy haciendo detrás de tu hombro, pegado a tu cabeza? ¿Sacándote los piojitos?*

No empecemos.

—*No sólo empezamos hace rato, sino que ya estamos casi terminando.*

Cierto. Prepará a los músicos que el final será a toda orquesta. Un grande allegro vivace, Marianito.

—*Oh, caro, me piace tantísimo la tua dedicazione per tutto questo. Per comprendere fino in fondo i personaggi angelici e bene lasciare sempre plena libertá degli spiriti. La luce che possediamo...*

Ey, ey, ey... ¿y ahora qué pasa? ¿por qué me hablás en italiano?

—*Vos empezaste...*

¿Ustedes hablan más de un idioma?

—*Yo no hablo.*

Está bien, quiero decir si sienten más de un idioma, si lo comprenden.

—*Ah, eso. Sí, claro, cualquier idioma o dialecto existente que se te ocurra. Si no fuera así, vos te aprenderías un lenguaje para mí desconocido y yo me quedaría en ayunas.*

Entiendo. De todas formas, lo mío fue sólo una manera de decir. Hablaba de un final "allegro vivace", como en las sinfonías: con todo, con fuerza, con campanas que llenen de esperanza y trompetas que soplen brisas sobre el alma.

—*Eso me gusta.*

Ya me acostumbré a hacer lo que te gusta. Y no me va mal así. Espero que salga bien, si Dios quiere.

—*Dios quiere siempre lo que sirve. Falta que quieran ustedes, también. Y va a salir bien. Para lograr un buen fin es necesario tener buenos principios. Y esto, en todos sus sentidos, no vale solamente para un libro sino para la vida. ¿Vamos?*

¿Cómo podría decirte que no?

CATORCE

La vida, la vida

(Testimonios de hoy)

A las cuatro menos cinco de la tarde del viernes 13 de octubre de 1972, el avión que sobrevolaba la cordillera de los Andes comenzó a agitarse enloquecidamente. Desde la cabina de comando se escuchó la voz de uno de los pilotos que gritaba casi con desesperación a su compañero: "¡Dale más potencia! ¡Dale más potencia!". Pero, instantes después, la nave de la Fuerza Aérea Uruguaya que llevaba abordo a cuarenta y siete personas, caía violentamente a tierra deslizándose por la nevada ladera de una montaña, perdiendo su cola y deteniéndose con su carga de dolor y muerte en un punto desolado de esa casi inalcanzable región. La mayoría de los pasajeros eran jóvenes estudiantes del equipo de rugby del Colegio "Old Christians", que viajaban a Chile para jugar un partido. Todos ellos rondaban los veinte años de edad. Luego de diez días de búsqueda sin resultados, las autoridades los dieron por desaparecidos y abandonaron el rastreo. Pero hubo quienes no lo hicieron. En especial un hombre, Carlos Páez Vilaró, pintor reconocido mundialmente, incansable aventurero, amigo de gente como Pablo Picasso y Albert Schweitzer, autor de incontables murales que lucen su estilo en muchos lugares del mundo, hombre de fe y de agallas que partió a Chile apenas conoció la noticia del accidente,

251

Víctor Sueiro

para pelear desde entonces día a día, minuto a minuto. En aquel avión viajaba —en su primer vuelo— su hijo Carlos Miguel Páez Rodríguez. Nada hacía sospechar que hubiera sobrevivientes y, aunque eso fuera posible, nadie se atrevería a decir que soportarían más de aquellos diez días en ese páramo con pinceladas de infierno helado. Sin embargo, al cumplirse setenta y dos días de la catástrofe, dieciseis muchachos fueron hallados con vida. El mundo entero llamó a ese episodio "el milagro de los Andes". Carlos Páez Rodríguez fue uno de los supervivientes. A los diez días del accidente escribió una carta a su padre que guardó entre sus ropas. En ella le contaba que ya habían escuchado (en una radio que era su único contacto con el resto del mundo) la noticia que confirmaba que los habían dado por perdidos y que la búsqueda se había suspendido. A pesar de eso mantenían la fe intacta y la esperanza incorrupta. Le dice allí todo lo que lo ama y, en un párrafo final, se despide escribiendo: "Querido papá, te dejo millones de besos y abrazos. Si no me ves vivo me verás en el más allá, junto a Dios. Un gran beso de Carlitos Miguel que siempre te quiere". Mientras él redactaba esas líneas, Carlos Páez Vilaró sobrevolaba una vez más la desértica zona cordillerana. En su atrapante libro "Entre mi hijo y yo, la luna", cuenta un instante de uno de esos viajes en los que se pegaba a la ventanilla mirando hacia abajo:

"Los ojos se me cierran y me duelen. Por momentos el DC-6 me ensordece con sus cambios bruscos de marcha y las turbulencias se hacen más activas. Abandono mi lugar y me arrodillo frente a una de las ventanillas próximas a la cola. La falta de práctica entumece mis piernas y las acalambra. Siento que estoy en el confesionario de una enorme catedral de la naturaleza. Las oraciones me brotan espontáneas en un interminable Padrenuestro."

Cada noche, de la mano de la frustración, miraba a la luna y pensaba que su hijo estaría haciendo lo mismo. Sentía que ese manchón de luz en el cielo los estaba uniendo. La increíble coincidencia conocida más tarde es que, perdido en la montaña, también Carlos Miguel seguía un idéntico rito y pensaba lo mismo. Pero hubo algo aun más asombroso: Páez Vilaró estuvo a punto de bajar los brazos y olvidar todo en, por lo menos, cinco ocasiones y, sin embargo, "algo" hizo que continuara. Pequeñas señales, grandes esperanzas. El 22 de agosto de este 1994, casi veintidós años después, hablo con él.

—Setenta y dos días de búsquedas infernales, imaginate. Yo me sentía, por momentos, un gran fracasado, un derrotado. Tenía mi "cuartel" en Talca, Chile, y me movía de un lado al otro organizando expediciones que siempre terminaban con lo mismo: NN, negativo, negativo. Volvía a la noche al hotel del pueblo, con frío por dentro y por fuera, apaleado. Esa decepción repetida, cada día más intensa, más dolorosa, colmaba todo mi equipaje y hacía que me dijera: "Bueno, mañana hago el bolso y me voy; tengo que aceptar realmente que mi hijo ha muerto"... El aparato oficial había abandonado. Tanto los chilenos como los mendocinos pusieron mucho amor y empeño en la búsqueda, pero tuvieron un límite lógico. Lo único que quedaba era intentarlo uno, con los amigos, la enorme cantidad de gente solidaria que se sumó sin conocerme, un pueblo maravilloso que estuvo siempre a mi lado y que vivieron todo como si fuera de ellos...

Yo era un hombre silencioso caminando en medio de las montañas desoladas pero sabía que había mucha gente que me estaba acompañando, algo como la fuerza de los ángeles, como decís vos. Yo juntaba coraje para enviárselo a mi hijo y todas esas voluntades se sumaban. Fijate que es inexplicable aquello de la luna, que tanto él como yo sentimos como algo que compartíamos y nos unía. Mi convicción de que estaba vivo no aflojaba aunque no había una sola pista que me ayudara a creer. A pesar de eso, hubo momentos en los que flaqueaba, porque soy humano.

—A mí me llamó mucho la atención, Carlos, esas señales que te volvían a dar fuerzas. Eso que me suena mucho como ayuda del ángel...

—Exacto. Exacto, mi querido. Fijate que la gente siempre busca personalizar al ídolo. En mi caso se exageró un poco y me tomaban como a un héroe pero no había nada de eso. No era heroísmo, era la búsqueda de un padre. Muchos otros padres sentían lo mismo pero la mayoría no podía moverse como yo, con esa libertad del artista que no depende de un trabajo con horarios y obligaciones. Aquel "rey de la fe", como titulaban los diarios al referirse a mí, era exagerar, no merezco esa condecoración. Yo era un hombre que sufre, que ama, que tiene dolor de muelas, que sabe llorar. Nunca acepté el liderazgo que me atribuían y, como humano, también tenía derecho a debilitarme en la fe...

—¿Qué te hacía recuperarla?

—Cuando decidía rendirme, abandonar todo, hacía las valijas para volver y, en ese momento, ocurrían hechos mágicos que obedecerían justamente a esos ángeles de los que vos hablás. Angeles bondadosos que me traían un mensaje a través de un pájaro que se metía de golpe en mi habitación y que hacía que pensara "si este pájaro entró a mi cuarto, es un anuncio, no me puedo ir". Y ahí volvía a deshacer las valijas... O una botella de cerveza, que estaba perfectamente ubicada en la mesa de luz y —cuando empezaba a armar el equipaje— de repente se caía, sin que nadie la tocara. O, en otra ocasión, una puerta que se abría de golpe en el instante en que había decidido volver. Más aún: un día de lluvia me dije: "Ya está, voy a aprovechar el mal tiempo y me voy, ya no quiero más tristeza sobre mis hombros". Bajo y, de repente, todo lo que era tiempo nublado y virazón se transformó en el sol más brillante que iluminaba a los árboles añejos de la plaza de Talca. Nadie puede desconocer esas señales. Y volvía a subir. Y volvía a pelear... Además estaba la fe imponderable de Madelón, la mamá de Carlitos, una mujer ejemplar con la que estábamos más unidos que nunca aunque nos habíamos separado. Y mucho más la abuela. La abuela de Carlitos jamás perdió la fe.

—Ni vos tampoco.

—Mirá, cuando vos perdés un hijo te das cuenta que todo lo demás, todo lo que hiciste, toda mi búsqueda del arte a través de tantos continentes, de ríos secretos, de trópicos encendidos, de todos esos lugares por los que yo anduve, todo, pasa a ser una frivolidad al lado de la búsqueda de un hijo. Uno busca de todas las maneras posibles. Muchos decían que yo estaba loco, pero yo estaba más sereno y más fuerte que nunca y sabía que iba a volver a abrazarlo.

—¿Nunca perdiste tu fe natural, la católica?

—Jamás. Y eso que yo sé rezar tres oraciones, pero me gasté de rezarlas en todos los viajes, arriba de los caballos, a pie, en todas las expediciones. Un día, pensando que mis oraciones no tenían fuerza para llegar hasta los chicos, me fui a ver un curita, el padre Tardigo, que tenía un grupo de boy-scouts. Le pedí como una gran gauchada si podía ir hasta la falda del cerro Picazo con sus muchachos para que rezaran una oración. "Usted está loco", me dijo, "no hace falta ir allí para que la oración les llegue. Podemos rezar aquí y les va a llegar con la misma velocidad". A pesar de eso, como insistí, el curita subió a sus boy-scouts a un camión y nos fuimos a la falda del cerro, a rezar. Todos estaban con las hombreras heladas en medio de la noche, me dio vergüenza. Uno llega a esas locuras, ya ves.

—¿Te reafirmó la fe todo aquello?

—Yo soy un católico a medias, el día que me confiese

se cae la iglesia. Pero creo que hay que apoyarnos en esa fuerza superior de Dios, hay que ser más generosos, hay que hacer un gesto de Navidad por día, mirá. Lo que das, vuelve. Hay que ser cariñoso con la gente, levantar una planta si está quebrada, curar un perro si está herido en la calle, en fin, hay que ayudar, viejo. Y que Dios existe, existe.

Carlos Miguel, el hijo de este tipazo que es Páez Vilaró, llevó en su cuello durante aquellos setenta y dos días, un rosario que le había dado su abuela, la que nunca había perdido la fe. José Luis Inciarte, uno de sus compañeros, diría al ser rescatados: "Lo que más nos ayudó fue la fe religiosa. Todos nosotros éramos creyentes —y algunos, católicos militantes— pero desde el momento del accidente lo fuimos mucho más. Sabíamos que sólo podíamos confiar en Dios y en nuestras propias fuerzas. Rezábamos con el rosario de Carlitos muchas veces al día y eso nos hacía sentir muy bien". El mismo Carlos Miguel dijo: "Yo era un nene bien. Me preocupaban los autos, la ropa, las cosas frívolas. Ahora sé que lo único importante es Dios, la fe, el compañerismo, la solidaridad. Todos somos creyentes, pero te aseguro que esa fe se multiplicó por mil, por un millón, por infinito. Y estábamos seguros de sobrevivir aunque nada parecía indicarlo". Otro de los sobrevivientes, Alfredo Delgado Salaverry, sintetizó: "En el silencio de las montañas, rodeados de picos nevados, encontramos la mano de Dios y nos dejamos guiar por ella".

A las doce del mediodía del 23 de diciembre de 1972, un día después del rescate y un día antes de la Nochebuena, los protagonistas del llamado "milagro de los Andes" asistían en grupo a una misa en la que comulgaron por ellos y por los que habían muerto. La fe había movido las montañas.

En 1992, veinte años más tarde, Carlos Páez Vilaró fue invitado a pintar el altar de la iglesia de Anillaco, en

La Rioja, el pueblo donde nació el presidente Menem. Pintó dos ángeles. Era la primera vez que lo hacía y le dijo a Amado Menem, hermano del primer mandatario y hombre de mucha fe: "Si no les gusta, yo mismo los borro". Los ángeles están allí.

Y, a propósito, ¿estás ahí?

—*Siempre estoy aquí.*

¿Podés explicar algo de esas curiosas coincidencias?

—*Ya sabés que no. No pretendas esquiar cuesta arriba, es imposible. Hay cosas que forman parte del misterio y así deben quedar. Algunos pueden preguntarse por qué en aquel accidente no se salvaron todos. Eso también forma parte del misterio. La muerte no es un final sino un principio y, si en una situación como aquella, hay quienes salvan sus vidas de manera asombrosa es por algo. Los que murieron físicamente están junto al Señor y los que no, siguieron en la tierra por alguna razón que pertenece al plan divino. Los ángeles no somos prestidigitadores de la vida, tan solo cumplimos con el mandato. Una muerte nunca es un fracaso en nuestros términos, aunque lo sea en los de ustedes. Una vida siempre es un triunfo, aunque a veces no lo sea para ustedes.*

Me desespera saber más del misterio divino, de sus decisiones.

—*Te va a resultar más fácil ordeñar una hormiga.*

El caso es que tienen dos angelitos más en Anillaco.

—*Dos imágenes más, no confundamos. Son preciosas, pero ya te dije que no se nos debe adorar. Nosotros rodeamos a Jesús pero no somos El ni cosa que se le acerque. Nos encanta que nos amen pero sería un espanto que nos traten como a ídolos, falsos ídolos. Somos el amigo que Dios les puso al lado, pero el poder que tenemos es de El solamente.*

De acuerdo, lo que pasa es que son millones de millones. Un poder en sí mismos.

—*Oíme ¿vos estás buscando que nos rebelemos otra vez? Ya aprendimos con una, te aviso. Además ¿qué tie-*

*ne que ver la cantidad? Vos podés atar a dos pájaros y
vas a conseguir algo con cuatro alas, es cierto. Pero no
podrán volar. No sé si soy claro.*

Totalmente. Mejor sigo con lo mío, que es contar.

El doctor GEROME LEJEUNE ha sido un extraordinario
médico francés, considerado mundialmente como uno
de los mayores genetistas de toda la historia. Hace
unos veinte años el senado de Francia discutía el tema
del aborto y él fue invitado especialmente. Una de las
opiniones en el recinto —fuertemente arraigada— era
la que sostenía que hay embarazos que deben ser inte-
rrumpidos cuando los antecedentes o el pronóstico parecen ser irreversiblemente malos. Cuando se le otorgó
la palabra al doctor Lejeune, dijo que les plantearía un
caso. Este fue:

"Tenemos a un matrimonio en el cual el marido es
sifilítico terciario, incurable y, además, decididamente
alcohólico. La mujer es desnutrida y sufre de tubercu-
losis avanzada. El primer hijo de esa pareja muere al
nacer. El segundo sobrevive, pero con serios defectos
congénitos. Al tercer hijo le ocurre lo mismo y se le suma el hecho de ser infradotado mentalmente. La mujer
queda embarazada por cuarta vez. ¿Qué aconsejan ustedes hacer en un caso así?". Un senador del bloque
socialista dice, sin dudarlo, que la única solución para
evitar males mayores es un aborto terapéutico inmediato. Lejeune deja fluir una pausa, baja la cabeza por
un segundo en medio del silencio, vuelve a alzarla y les
habla a todos: "Señores senadores de la Francia; pón-
ganse de pie porque este caballero acaba de matar a
Ludwig van Beethoven".

En efecto, el cuadro relatado era exactamente el de
los padres y hermanos mayores de uno de los más
grandes músicos de toda la historia, Beethoven. Aquel
senador lo hubiera asesinado a él y a su ángel, en

nombre de... ¿de qué? ¿Los antecedentes? ¿La presunta preservación de un futuro que el legislador, jugando a Dios, ya preveía funesto para el chiquitín que aún no había nacido? Suena a esos hombres que mandan a la silla eléctrica y, al tiempo, descubren que eran inocentes. Afortunadamente para la humanidad —dicha esta palabra en todos sus sentidos— el médico de los Beethoven parece haber sido mucho más racional y piadoso. El doctor Lejeune murió el 3 de abril de 1994, pero aquí está, ya ven.

Enriqueta había tenido su tercer hijo. El médico le dijo que había problemas serios: si insistía en ser madre nuevamente, moriría. Ella se angustió mucho, con lo que amaba a los chicos. Un día llegó al pueblo de 9 de julio el obispo que venía de La Pampa y Enriqueta, ferviente católica, lo consultó. El prelado le dijo: "Usted obedezca a Dios, que nunca le va a negar su ayuda". Así lo hizo, a puro rezo. Tuvo diecinueve hijos más, con lo que completó un total de veintidós. El último, el menor de ese pequeño ejército, se llama Eduardo Pironio, es Cardenal y estuvo cerquita de ser Papa, como ya contamos. La vida, la vida.

Aun cuando esa vida que existe desde la concepción no sea luego la de un Beethoven o un Pironio, es valiosísima. Sin que importe el cuerpo que la sostiene sino el alma que la mantiene hasta la eternidad.

Por eso quise saber qué pasaba con los ángeles de los discapacitados mentales y recurrí a mi amiga, la doctora en Teología Moral María Angela Cabrera. Maruca —así la llamamos quienes la queremos y admiramos por su privilegiada inteligencia y su amor por el prójimo— es, además, directora de catequesis en el obispado de Morón donde eligió la tarea de contarles sobre la fe a discapacitados mentales. Era muy jovencita, hace veintiún años, cuando quiso dedicarse a eso. Empieza contando una anécdota de aquellas primeras épocas:

—Cuando comenzamos en la Argentina con la catequesis diferencial se la encaró con algunos temores porque había sólo un antecedente mundial, en Francia. Se empezó con discapacitados profundos, con chicos que apenas pueden modular muy pocas palabras y no tienen prácticamente un gran nivel de razonamiento. Al terminar el curso y llegar el momento de la primera comunión de esos chicos, todos estábamos con gran susto sin saber lo que iba a pasar. Llega ese día y todo parece desarrollarse sin problemas. Hasta que uno de los chiquitos, después de comulgar, se va para su banco pero, de repente, se da vuelta y avanza rápidamente otra vez hacia el altar. Nos quedamos helados porque no imaginamos qué cosa iba a hacer. No hubo tiempo de pararlo. El pibe enfrentó al sacerdote, lo tironea de la casulla y, cuando el cura lo mira tan sorprendido como todos, él le sonríe y le dice: "Gracias ¿eh?". Luego vuelve a su lugar tan tranquilo. El chico había entendido mejor que nadie que aquello, la eucaristía, era un don de Dios y se sintió empujado a agradecerlo.

—Más que al sacerdote, se lo estaba agradeciendo a Dios. Es una maravilla, simplemente.

—Para los discapacitados, el sacerdote es "Jesús entre nosotros". Lo tienen mucho más claro que cualquier persona que tendrá que hacer todo un trabajo mental para sentir algo así.

—¿Cómo siente la vida un chiquito down?

—No sé si más o menos que alguien que no lo es pero, en casos, mejor. Hace unos años comenzaron las olimpíadas para discapacitados. Yo estuve en la de Costa Rica y era una maravilla ver cómo los chicos van, con sus lógicas arritmias, corriendo pero —al mismo tiempo— viendo cómo van sus amigos porque no los toman nunca como enemigos en competencia. Uno de ellos iba primero y la gente en las tribunas gritaba para alentarlo. De pronto se cayó el que iba segundo y, el que punteaba, se dio vuelta, volvió, lo ayudó a levantarse y siguieron corriendo de la mano los dos juntos. La riqueza no estaba en ganar sino en llegar juntos. Todos los que estábamos allí llorábamos sin poder parar.

—Casi lloro yo, ahora. ¿Cómo es la escala de valores de ellos?

—No tienen la misma que los que nos llamamos "normales", tienen su propia escala de valores que demuestra bien claro que tienen un nivel de consciencia.

—Y en esa escala de valores ¿qué es lo que ponen en primer lugar?

—Lo primero es, en general, el amor. En ellos la intuición es muy fuerte, por eso les hace tanto mal cuando advierten que alguien los mira por la calle con algún rechazo. Lo sienten... En segundo lugar estaría la belleza. Es muy difícil encontrar un chico con síndrome de down que no tenga sentido de la estética. Puede haber entre ellos verdaderos artistas. En el año 69' yo estuve en Concordia, en una escuela judía, donde vi unas pinturas fantásticas hechas por los chicos, maravillas.

—Maruca, ¿tienen consciencia de su propio estado?

—Te contesto con algo que ocurrió en 1992. Se hizo un congreso de discapacitados mentales en Orlando, en Estados Unidos. Una chiquita de diecisiete años dijo, en un momento dado, lo que ella creía que tenían que hacer los papás: "Decirnos que tenemos síndrome de down". Uno de los conferenciantes le preguntó: "¿Y qué es tener síndrome de down?". La chica, con una dulzura que hizo derretir a todos, dijo muy naturalmente: "Y... ser como soy yo"...

—Dios, qué amorosa... Maru, ellos tienen su ángel, por supuesto...

—Como todo ser humano. Ellos son personas con discapacidad, punto. Cada uno tiene su ángel de la guarda, igual que todos. No son menos personas que otros, obviamente.

—Desde ya. Además no es su alma la que tiene la enfermedad.

—No, claro. El síndrome de down en el alma yo creo que lo tienen muchos que dicen ser normales. Por ejemplo, Von Braun. Cuando este hombre presuntamente muy inteligente desvía el uso de la energía atómica para aplicarlo a armas de terrible destrucción, demuestra que tuvo un alma con síndrome de down.

—¿Tienen sentido de la muerte?

—Mucho menos dramático que el habitual. Sienten la pérdida de manera afectiva, pero lo toman con naturalidad. Aprendieron y creen firmemente en eso, que los que mueren van a un hermoso lugar con Dios. Jesús, para ellos, está definido como "la Luz total" o "la Puerta", la puerta hacia esa eternidad que aceptan sin especular. No hace mucho murió uno de los chicos y algunos de sus compañeros fueron al velatorio. Uno de ellos, que había perdido a su mamá hacía un tiempo, se acercó al cajón y empezó a hablarle al que fuera su amigo. Primero le contó las últimas cosas que había hecho, a qué había jugado, adonde había ido, qué había aprendido. Todos los que estábamos allí llorábamos de emoción y de temor, pensando qué ocurriría cuando se diera cuenta que no le contestaba. No ocurrió nada. Simplemente, como despedida, le dijo dos o tres veces al cuerpito que estaba en el cajón: "Y decile a mi mamá que la quiero mucho. No te olvides ¿eh?". El tenía la idea cabal del lugar adonde iba su amigo...

El ángel está intacto, en todos. Llevándonos de la mano cuando nos toque el turno de la eternidad pero, mientras tanto, empujándonos a proteger la vida. A fines de agosto de este mismo año, una de las mentes más brillantes de la Iglesia, el Cardenal argentino Raúl Francisco Primatesta, arzobispo de Córdoba, dijo: "No se puede tocar la vida porque se toca a Dios. Nadie es dueño de la vida, porque nadie es dueño de Dios".

La vida, no sé si se dan cuenta. Estamos hablando

de la vida, la más grande de las maravillas, el más hermoso de los regalos. Y esa vida está acompañada, desde el principio, por el Ángel de la Guarda.

Si prefieren opiniones científicas, Johan Kepler, uno de los más importantes astrónomos de la historia, dijo en el siglo XVII que "el armonioso girar de los planetas está impulsado en sus órbitas por ángeles". O, mucho más cerca en el tiempo, el doctor Boris Dotsenko, un físico nuclear que había pertenecido al servicio de espionaje soviético y se había manifestado como profundamente ateo antes de escapar a Occidente, dijo en 1973: "Todo lo material del mundo tendría que haberse convertido en una nube de polvo caótico hace muchísimo tiempo, si nos atenemos a las leyes físicas". Cuando se le preguntó por qué no ha ocurrido semejante cosa, respondió: "Pensé mucho sobre esto y llegué a saber que este mundo es sostenido en su existencia por un poder espiritual que es capaz de anular la energía destructora". Poco después este hombre que fuera jefe de investigación nuclear en la universidad de Kiev, se convirtió al cristianismo.

La fe y la ciencia no tienen porque estar peleadas, al contrario. Pueden ir de la mano y pienso que, de hecho, ocurre. ¿No repararon ustedes en la cantidad de descubrimientos que se hicieron "por casualidad"? ¿No les suena eso como una feliz travesura angélica?

Isaac Newton descubre la ley de gravedad e inventa el cálculo matemático a partir de una tarde de 1665 en que está descansando apoyado en un árbol y una manzana le cae en la cabeza. Allí comienza a investigar.

Alexander Graham Bell está casado con una mujer sorda a la que ama y mucho. Tanto que dedica su tiempo a construir un aparato para que ella pueda oírlo mejor. Pero, sin saberlo, inventa el teléfono.

Arquímedes, en el 265 antes de Cristo, descubre la medición del volumen cuando se mete en una bañera llena de agua y advierte que desborda la misma cantidad en líquido de lo que ocupa su cuerpo. Sale desnudo a la calle gritando "¡Eureka!" ("lo encontré"). Los griegos no se asustaban nada de los desnudos lo cual lo salvó de ir preso. "Lo encontró". Lo encontró de puro...

—¿Eh?

De puro observador que era, digo. Y, seguro, con ayudita de su ángel.

Wilhelm Roentgen descubrió la radiación buscando otra cosa mucho menor. Y, en aquel 1895, fue el primer asombrado de su hallazgo. Tanto que lo llamó "rayos X" ya que, en matemáticas, la equis es el símbolo de la incógnita. Ni sabía qué había descubierto.

Alexander Fleming, en 1928, se descuidó y dejó sobre la mesa de su laboratorio (sin querer y durante unos días) un cultivo de gérmenes. Al advertirlo se disponía a tirarlos cuando observó que se había formado moho y que, a su alrededor, las bacterias habían desaparecido. Analizó aquello y —"por accidente"— descubrió nada menos que la penicilina.

Podríamos seguir pero no es éste un librito de ciencias. Ustedes mismos ¿no han vivido alguna vez una "casualidad" que les cambió algo en sus vidas? La manera en que uno conoce a quien será su pareja para siempre, el encuentro inesperado con alguien que modificará el destino, una palabra o un gesto de otro que nos hace entender algo, ese tipo de cosas. Bueno, por ahí debe andar el ángel, seguramente. Consultemos a monseñor Puyelli otra vez.

—Roque ¿se puede convocar al ángel? ¿qué hay que hacer?

—Tratarlo. Mientras más lo tratamos, más lo sentimos. El ángel actúa invisiblemente. A medida que más nos acercamos a él, más lo reconocemos, reconocemos su acción y sus señales. Dios lo creó para eso, para que nos proteja y nos de fuerzas ¿no?

Sí. Me consta. Una de las últimas veces en que recurrí a mi ángel para pedirle coraje fue el 6 de junio de este 1994. Casi exactamente cuatro años atrás —el 20 de junio del 90'— sufrí mi paro cardíaco durante un cateterismo. Es muy poco común que ocurra, no se asusten si deben hacerse uno. Ahora, en el mismo mes, tuve que someterme exactamente a idéntica intervención. Hasta el más valiente que se quema con leche, cuando vé una vaca llora, y era humano que recordara lo sucedido hacía cuatro años con cierta ansiedad. Me puse en las mejores manos médicas, las de mi querido amigo el doctor Luis de la Fuente, una eminencia, y —como le dije a él, un férreo católico— también en las de Dios. Le pedí a mi ángel Mariano que me llenara de coraje y terminé en la camilla de ese quirófano electrónico con una entrega total, una calma absoluta, hablando de la civilización egipcia y de la griega hasta que me hicieron callar porque necesitaban concentrarse en lo que hacían. Entonces me puse a tararear una melodía ("La bella y la bestia", no sé por qué, tal vez por ser suavecita) mientras el catéter avanzaba por mis arterias y esos cuatro profesionales de primer orden trabajaban sobre mí: el magnífico Luis de la Fuente; el doctor Jorge Mrad ("el Turco"), joven y talentoso; y los ayudantes especialistas en ese tipo de intervenciones, los impecables Hugo Figueroa y Miguel Diorio. Al oírme canturrear en medio de eso que no es tan terrible pero tampoco es un paseo por Disneyworld, habrán pensado que yo había desayunado con vodka, pero no dijeron nada porque son amigos. Y no podía explicarles que yo sentía, allí, la presencia de Mariano, mi ángel. No era un superhombre, era un hombre apoyado por su custodio. Mucho decir.

—Para eso están —diría monseñor Puyelli.

Y esa es la idea final que necesito que ustedes sientan: para eso están, como enviados de Dios. Representan el amor que El nos tiene; despiertan la esperanza; apuntalan la fe. Mis tres queridas obsesiones. Sólo basta pedirles su ayuda para sentir su abrazo protector. El abrazo de Dios.

—*Tenés los ojitos nublados...*

Trabajé mucho hoy. Se me cansa la vista y veo poquito.

—*No es eso. Sabés que no es eso.*

Está bien, es algo más. Por un lado, me emociona escribir estas cosas, me desespero por llegar al lector, servirle para algo más que para entretenerlo. Por el otro, siempre hay como un vacío en el alma al terminar un librito. Y, finalmente, en este caso me entristece. Pienso en vos. En todo lo que escribimos juntos. ¿Ya no volveré a verte?

—*Nunca me viste.*

Es cierto, pero te sentí mucho. No hizo falta verte, en realidad. Eso ya lo entendí. Quiero decir si ya no volveremos a tener este contacto, algo tan especial. Voy a extrañar mucho estos meses, nuestras discusiones, tus bromas, tus enseñanzas, hasta tus ironías en estas páginas que llenamos entre los dos. Sí, sin dudas, entre los dos.

—*Te quiero mucho, gallego.*

Yo también, Marianito. Gracias por venir. ¿Vas a seguir estando?

—*Ya sabés la respuesta.*

Decimela porque me gusta oírla.

—*Siempre estoy aquí.*

Después de todo

"Nadie conoce los caminos del futuro pero, cualquiera de ustedes que pase la noche solo y angustiado, encontrará en mi ventana una luz encendida. No te preguntaré quién eres ni de dónde vienes. Dos brazos fraternos te cobijarán y el corazón cálido de un amigo te hará fiesta."

Esto pertenece a Juan XXXIII pero bien podría aplicarse a las palabras de un ángel, el Angel de la Guarda que acompaña a cada uno de ustedes y que los espera con una luz encendida.

También pueden ser usadas por uno mismo, dedicadas a los demás.

O esperar que el prójimo nos las diga de corazón.

De esa manera quizá, con el tiempo, construyamos un mundo de ángeles en la tierra, lo cual no es nada fácil pero tampoco imposible.

Quiera Dios que aquí haya quedado bien en claro que no son ellos una especie de magos que todo solucionan sino la fuerza que el Creador nos regaló sabiendo que somos más débiles que un hilo de coser amarrando a un transatlántico.

Y que cada uno de ustedes confíe plenamente en esa protección y acuda a ella, en las buenas y en las malas. Siempre estará. Cierren los ojitos y piénsenlo con dulzura. Pónganle un nombre al amigo del alma. Cuenten de su existencia. Hablen con él y con la gente, hablen. Lo sobrenatural nos acompaña y todos deben saberlo. "¡Basta de silencios! ¡Gritad con cien mil lenguas porque, por haber callado, el mundo está podrido!", dijo Santa Catalina de Siena ya en el siglo XIV. Era una sabia, como ven. Pero el mundo no estará nunca podrido del todo —y hasta podrá mejorar— si miramos de cuando en cuando al cielo o a un costado, simplemente a un costado.

Este libro se terminó de imprimir
en los talleres de Editorial Presencia Ltda.
Calle 23 No. 24-20
Santafé de Bogotá, D.C.
Impreso en Colombia - Printed in Colombia